课本
里的
作家

课本里的作家

铺满金色巴掌的水泥道

张秋生 / 著

小学语文同步阅读
三年级
彩插精读版

山东教育出版社
·济南·

图书在版编目（CIP）数据

铺满金色巴掌的水泥道 / 张秋生著 . — 济南：山
东教育出版社，2023.1（2023.3 重印）
（爱阅读·课本里的作家）
ISBN 978-7-5701-2333-9

Ⅰ．①铺… Ⅱ．①张… Ⅲ．①阅读课—小学—教学参
考资料 Ⅳ．①G624.233

中国版本图书馆 CIP 数据核字（2022）第 166834 号

PU MAN JIN SE BAZHANG DE SHUINI DAO

铺满金色巴掌的水泥道

张秋生　著

主管单位：山东出版传媒股份有限公司

出版发行：山东教育出版社

地址：济南市市中区二环南路 2066 号 4 区 1 号　邮编：250003

电话：（0531）82092600　　　网址：www.sjs.com.cn

印　　刷：天津泰宇印务有限公司

版　　次：2023 年 1 月第 1 版

印　　次：2023 年 3 月第 2 次印刷

开　　本：700 mm × 1000 mm　1/16

印　　张：12

字　　数：145 千

定　　价：35.80 元

（如印装质量有问题，请与印刷厂联系调换）

印厂电话：022-29649190

外婆讲故事的时候，喜欢坐在院子里的小竹椅上；

外婆讲故事的时候，喜欢手拿一把蒲扇；

外婆讲故事的时候，喜欢头顶着满天的星星。

一只猫，坐在窗台上

一只猫，坐在窗台上，她看着我。
她看着我坐在钢琴前练琴。

小鼹鼠和大橡树

大橡树，夏天好！

大橡树那些宽宽大大的绿叶，像一只只绿色的大手掌，整个夏天，那些绿色的手掌都在蓝天下不停地挥舞着。

我的城堡，我的朋友

因为这里面住着许多的书，它们是我的朋友，离不开的朋友；再有，就是许多有趣的小玩具，它们也是我的朋友。

脚印和大海

一个胖墩墩的小男孩。

他光着脚，从岸边一直向大海走去，在沙滩上留下一行深深的脚印。

长眼睛的小树

小树林边上，是个小池塘，小鹿探头一瞧，池塘里映出了一棵小树，小树杈上飘着绿叶。

总序

北京书香文雅图书文化有限公司的李继勇先生与我联系，说他们策划了一套《爱阅读·课本里的作家》丛书，读者对象主要是中小学生，可以作为学生的课外阅读用书，希望我写篇序。作为一名语文教育工作者，在中共中央办公厅、国务院办公厅印发《关于进一步减轻义务教育阶段学生作业负担和校外培训负担的意见》（以下简称"双减"）的大背景下，为学生推荐这套优秀课外读物责无旁贷，也更有意义。

一、"双减"以后怎么办？

"双减"政策对义务教育阶段学生的作业和校外培训作出严格规定。我认为这是一件好事。曾几何时，我们的中小学生作业负担重，不少学生不是在各种各样的培训班里，就是在去培训班的路上。学生"学"无宁日，备尝艰辛；家长们焦虑不安，苦不堪言。校外培训机构为了增强吸引力，到处挖掘优秀教师资源，有些老师受利益驱使，不能安心从教。他们的行为破坏了教育生态，违背了教育规律，严重影响了我国教育改革发展。教育是什么？教育是唤醒，是点燃，是激发。而校外培训的噱头仅仅是提高考试成绩，让学生在中高考中占得先机。他们的广告词是"提高一分，干掉千人"，大肆渲染"分数为王"，在这种压力之下，学生面对的是"分萧萧兮题海寒"，不得不深陷题海，机械刷题。假如只有一部分学生上培训班，提高的可能是分数。但是，如果大多数学生或者所有学生都去上培训班，那提高的就不是分数，而只是分数线。教育的根本任务是立德树人，是培根铸魂，是启智增慧，是让学生的德智体美劳全面发展，是培养社会主义建设者和接班人，是为中华民族伟大复兴提供人才，而不是培养只会考试的"机器"，更不能被资本所"绑架"。所以中央才"出重拳""放实招"，目的就是要减轻学生过重的课业负担，减轻家长过重的经济和精神负担。

"双减"政策出台后，学生们一片欢呼，再也不用在各种培训班之间来回奔波了，但家长产生了新的焦虑：孩子学习成绩怎么办？而对学校老师来说，这是一个新挑战、新任务，当然也是新机遇。学生在校时间增加，要求老师提升教学水平，科学合理布置作业，同时开展课外延伸服务，事实上是老师陪伴学生的时间增加了。这部分在校时间怎么安排？如何让学生利用好课外时间？这一切考验着老师们的智慧。而开展各种课外活动正好可以解决这个难题。比如：热爱人文的，可以开展阅读写作、演讲辩论，学习传统文化和民风民俗等社团活动；喜爱数理的，可以组织科普科幻、实验研究、统计测量、天文观测等兴趣小组；也可以开展体育比赛、艺术体验（音乐、美术、书法、戏剧……）和劳动教育等实践活动。当然，所有的活动都应以培养学生的兴趣爱好为目的，以自愿参加为前提。学校开展课后服务，可以多方面拓展资源，比如博物馆、图书馆、科技馆、陈列馆、少年宫、青少年活动中心，甚至校外培训机构的优质服务资源，还可组织征文比赛、志愿服务、社会调查等，助力学生全面发展。

二、课外阅读新机遇

近年来，新课标、新教材、新高考成为语文教育改革的热词。我曾经看到一个视频，说语文在中高考中的地位提高了，难度也加大了。这种说法有一定道理，但并不准确。说它有一定道理，是因为语文能力主要指一个人的阅读和写作能力，而阅读和写作能力又是一个人综合素养的体现。语文能力强，有助于学习别的学科。比如数学、物理中的应用题，如果阅读能力上不去，读不懂题干，便不能准确把握解题要领，也就没法准确答题；英语中的英译汉、汉译英题更是考查学生的语言表达能力；历史题和政治题往往是给一段材料，让学生去分析、判断，得出结论，并表述自己的观点或看法。从这点来说，语文在中高考中的地位提高有一定道理。说它不准确，有两个方面的理由：一是语文学科本来就重要，不是现在才变得重要，之所以产生这种错觉，是因为在应试教育的背景下，语文的重要性被弱化了；二是语文考试的难度并没有增加，增加的只是阅读思维的宽度和广度，考查的是阅读理解、信息筛选、应用写作、语言表达、批判性思维、辩证思维等关键能力。可以说，真正的素质教育必须重视语文，因为语文是工具，是基础。不少家长和教师认为课外阅读浪费学习时间，这主要是教育观念问题。他们之所以有这种想法，无非是认为考试才是最终目的，希望孩子可以把更多时间用在刷题上。他们只看到课标和教材的变化，以为考试还是过去那一套，其实，考试评价已发生深刻变革。目前，考试评价改革与新课标、新教材改革是同向同行的，都是围绕立德树人做文章。中共中央、国务院印发的《深化新时代教育评价改革总体方案》明确指出："稳步推进中高考改革，构建引导学生德智体美劳全面发展的考试内容体系，改变相对固化的试题形式，增强试题开放性，减少死记硬背和'机械刷题'现象。"显然就是要用中高考"指挥棒"引领素质教育。新高考招生录取强调"两依据，一参考"，即以高考成绩和高中学业水平考试成绩为依据，以综合素质评价为参考。这也就是说，高考成绩不再是高校选拔新生的唯一标准，不只看谁考的分数高，而是看谁更有发展潜力、更有创造性，综合素质更高，从而实现由"招分"向"招人"的转变。而这绝不是仅凭一张高考试卷能够区分出来的，"机械刷题"无助于全面发展，必须在课内学习的基础上，辅之以内容广泛的课外阅读，才能全面提高综合素养。

三、"爱阅读"助力成长

这套《爱阅读·课本里的作家》丛书是为中小学生读者量身打造的，符合《义务教育语文课程标准》倡导的"好读书、读好书、读整本的书"的课改理念，可以作为学生课内学习的有益补充。我一向认为，要学好语文，一要读好三本书，二要写好两篇文，三要养成四个好习惯。三本书指"有字之书""无字之书""心灵之书"，两篇文指"规矩文"和"放胆文"，四个好习惯指享受阅读的习惯、善于思考的习惯、乐于表达的习惯和自主学习的习惯。古人说"读万卷书，行万里路"，实际上就是要处理好读书与实践的关系。对于中小学生来说，读书首先是读好"有字之书"。"有字之书"，有课本，有课外自读课本，还有"爱阅读"这样的课外读物。读书时我们不能眉毛胡子一把抓，要区分不同的书，采取不同的读法。一般说来，读法有精读，有略读。精读需要字斟句酌，需要咬文嚼字，但费时费力。当然也不是所有的书都需要精读，可以根据自己的需要决定精读还是略读。新课标提倡中小学生进行整本书阅读，但是学生往往不能耐着性子读完一整本书。新课标提倡的整本书阅读，主要是针对过去的单篇教学来说的，并不是说每本书都要从头读到尾。教材设计的练习项目也是有弹性的、可选择的，不可能有统一的"阅读计划"。我的建议是，整本书阅读应把精读、略读与浏览结合起来，精读重在示范，略读重在博览，浏览略观大意即可，三者相辅相成，不宜偏于一隅。不仅如此，学生还可以把阅读与写作、读书与实践、课内与课外结合起来。整本书阅读重在掌握阅读方法，拓展阅读视野，培养读书兴趣，养成阅读习惯。

再说写好两篇文。学生读得多了，素养提高了，自然有话想说，有自己的观点和看法要发表。发表的形式可以是口头的，也可以是书面的，书面表达就是写作。写好两篇文，一篇规矩文，一篇放胆文。规矩文重打基础，放胆文更见才气。规矩文要求练好写作基本功，包括审题、立意、选材、构思等，同时还要掌握记叙文、议论文、说明文、应用文的基本要领和写作规范。规矩文的写作要在教师的指导下进行。放胆文则鼓励学生放飞自我、大胆想象，各呈创意、各展所长，尤其是展现自己的写作能力、语言表达能力、批判性思维能力和辩证思维能力。放胆文的写作可以多种多样，除了大作文，也可以写小作文。有兴趣的学生还可以进行文学创作，写诗歌、小说、散文、剧本等。

学习语文还要养成四个好习惯。第一，享受阅读的习惯。爱阅读非常重要，每个同学都应该有自己的个性化书单。有的同学喜欢网络小说也没有关系，但需要防止沉迷其中，钻进"死胡同"。这套《爱阅读·课本里的作家》丛书，给中小学生课外阅读提供了大量古今中外的名家名作。第二，善于思考的习惯。在这个大众创业、万众创新的时代，创新人才的标准，已不再是把已有的知识烂熟于心，而是能够独立思考，敢于质疑，能够自己去发现问题、提出问题和解决问题，需要具有探究质疑能力、独立思考能力、批判性思维和辩证思维能力。第三，乐于表达的习惯。表达的乐趣在于说或写的过程，这个过程比说得好、写得完美更重要。写作形式可以不拘一格，比如作文、日记、笔记、随笔、漫画等。第四，自主学习的习惯。我的地盘我做主，我的语文我做主。不是为老师学，也不是为父母长辈学，而是为自己的精神成长学，为自己的未来学。

愿广大中小学生能借助这套《爱阅读·课本里的作家》丛书，真正爱上阅读，插上想象的翅膀，飞向未来的广阔天地！

目录

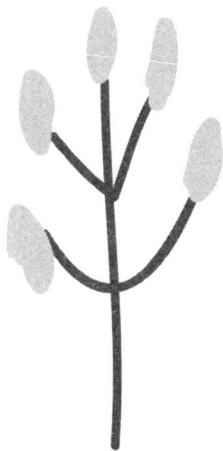

我爱读课文

原文赏读

铺满金色巴掌的水泥道

体　　裁：散文

作　　者：张秋生

创作时间：当代

作品出处：部编版语文三年级（上册）

内容简介：本篇描写了"我"在上学路上看到的风景：一个秋天的雨后清晨，道路两旁的树叶飘落下来，紧紧地粘在湿漉漉的水泥道上，像一个个金色的小巴掌。整条道路就像铺上了一块色彩绚丽的地毯。

//////////////////// 读前导航 ////////////////////

阅读准备

　　张秋生的诗歌作品如画、如歌，语言轻盈优美，叙述细腻感人，形象鲜明，意境优美，充满童趣。这些富有节奏感和韵律感的"小巴掌"童话诗精巧、隽永，它们打破了梦幻和生活的界线，带给孩子爱与美的熏陶。在张秋生的散文中，作家用细致的笔触描摹了森林、海边的景致，讲着纯真又充满童趣的小动物的故事，还有生活在我们身边的人和事。

目标我知道

学习目标	会写"铺、泥、晶、列、迟"等生字 会认"洼、凌、增"生字 会读多音字"铺"
学习重点	理解课文内容，体会秋天水泥道的美 学会发现身边的美，激发对自然的热爱之情
学习难点	体会作者对大自然的喜爱之情，要像作者一样善于观察身边的事物，养成认真观察的好习惯

////////////// 精彩赏读 //////////////

课本原文

铺满金色巴掌的水泥道

① 一夜秋风，一夜秋雨。[1]

② 我背着书包去上学时，天开始放晴了。

【第一部分（①②段）：交代背景，即一夜风雨后"我"出门上学。】

[1]"秋风""秋雨"交代了季节和天气。

【明朗】
(多指室外)
光线充足。

【潮湿】
含有比正常
状态下多的
水分。

【湿漉
漉】物体潮
湿的样子。

[1]运用
比喻,形象
而贴切地写
出秋日梧桐
树叶的美。

【熨(yù)
帖(tiē)】文
中指落叶与
水泥道贴合
得很紧密。

【凌乱】
不整齐;没
有秩序。

③啊!多么明朗的天空。

④可是,地面还是潮湿的,不时还能看见一个亮晶晶的水洼,映着一角小小的蓝天。

⑤道路两旁的法国梧桐树,掉下了一片片金黄金黄的叶子。这一片片闪着雨珠的叶子,一掉下来,便紧紧地粘在湿漉漉的水泥道上了。

(段解:写水泥道上粘满了梧桐树的落叶,为后文描写美丽的水泥道做了铺垫。)

⑥我走在院墙外的水泥道上。水泥道像铺上了一块彩色的地毯。这是一块印着落叶图案的、闪闪发光的地毯,从脚下一直铺到很远很远的地方,一直到路的尽头……

(段解:运用比喻修辞,将铺满落叶的水泥道比作"彩色的地毯",描绘出整条水泥道铺满落叶的美景。)

⑦每一片法国梧桐树的落叶,都像一个金色的小巴掌,熨帖地、平展地粘在水泥道上。[1]它们排列得并不规则,甚至有些凌乱,然而,这更增添了水泥道的美。

(段解:写水泥道上的每一片落叶。)

⑧我一步一步小心地走着,一片一片仔

细地数着。我穿着一双棕红色的小雨靴。你瞧，这多像两只棕红色的小鸟，在秋天金黄的叶丛间，愉快地蹦跳着、歌唱着……[1]

（段解：写"我"走在水泥道上的愉悦心情。）

⑨ 要不是怕上课迟到，我会走得很慢很慢的。

【第二部分（③—⑨段）：写"我"在上学的路上，看到铺满金色落叶的水泥道上的美景。】

⑩ 一夜秋风，一夜秋雨。[2]

⑪ 当我背着书包去上学时，第一回觉得，门前的水泥道真美啊！

【第三部分（⑩⑪段）：写"我"通过仔细观察，用心感受，第一次发现了门前水泥道的美。】

[1]运用比喻，把棕红色的小雨靴比作"棕红色的小鸟"，想象新奇，写出了"我"的愉悦心情。

[2]与课文开头相呼应，再次强调这是秋天的美景。

作品赏析

本文描写了秋日铺满金色梧桐树落叶的水泥道的美，抒发了作者对秋天和大自然的喜爱与赞美之情，表现了善于观察并发现美带给人的快乐。

//////////////////////// 积累与表达 ////////////////////////

字词我来记

会写的字

pū	部首	笔画	结构	造字	组词
铺	钅	12	左右	形声	铺床　铺天盖地
	辨字	捕（捕捉）　辅（辅导）　哺（哺育）			
字义	将物品散开放置或摊平。				
造句	妈妈说我长大了，要学着自己铺床。				

ní	部首	笔画	结构	造字	组词
泥	氵	8	左右	形声	泥巴　水泥　泥土
	辨字	呢（毛呢）　妮（妮子）			
字义	1.半固体状像泥的东西。2.含水的半固体状的土。				
造句	小草偷偷地从泥土里探出了头。				

jīng	部首	笔画	结构	造字	组词
晶	日	12	品形字	会意	亮晶晶　晶莹　水晶
	辨字	品（品行　品尝）　唱（唱歌　合唱）			
字义	1.形容光亮。2.水晶。3.晶体。				
造句	亮晶晶的小星星，像一颗颗钻石，真美啊！				

jǐn	部首	笔画	结构	造字	组词
紧	纟	10	上下	形声	紧张　紧急
	辨字	絮（柳絮）　紫（紫色　万紫千红）			
字义	1.物体因受外力作用变得固定或牢固。2.非常接近，空隙极小。				
造句	为了迎接运动会，运动员正加紧训练。				

yuàn	部首	笔画	结构	造字	组词
院	阝	9	左右	会意	院子　庭院
	辨字	际（国际　天际）　浣（浣纱　浣衣）			
字义	1.院子。2.某些机关或公共场所的名称。				
造句	小曼家的院子里开满了各种鲜花。				

yìn	部首	笔画	结构	造字	组词
印	阝	5	左右	会意	印象　脚印
	辨字	叩（叩谢）　卯（卯时）			
字义	1.用油墨、染料之类把文字或图画留在纸、布、器皿等材料上。2.图章，戳记。				
造句	牧民的直爽和好客，给我们留下了深刻的印象。				

pái	部首	笔画	结构	造字	组词
排	扌	11	左右	会意	排队　前排
	辨字	非（非常　非同小可）　徘（徘徊）			
字义	1.一个挨一个地按着次序摆。2.排成的行列。				
造句	请排队上车，不要拥挤。				

liè	部首	笔画	结构	造字	组词
列	刂	6	左右	形声	队列　并列
	辨字	死（死亡　死水）			
字义	1.陈列，排列，摆出。2.行列，排成的行。				
造句	他的牙齿排列得不整齐。				

guī	部首	笔画	结构	造字	组词
规	见	8	左右	会意	规定　规划
	辨字	观（观察　乐观）　现（实现　现在）			
字义	1.规则；成例。2.画圆形的工具。3.谋划；打主意。				
造句	这项规定大家都要遵守，谁也不能例外。				

zé	部首	笔画	结构	造字	组词
则	贝	6	左右	会意	规则　以身作则
	辨字	财（财产　财富）　败（失败　成败）			
字义	1.规则。2.规范；榜样。				
造句	我们要遵守交通规则。				

luàn	部首	笔画	结构	造字	组词
乱	舌	7	左右	会意	杂乱　战乱
	辨字	刮（刮风　刮目相看）　括（括号　包括）			
字义	1.没有秩序和条理。2.武装骚扰。				
造句	小妹妹的房间里杂乱地堆放着各种玩具。				

zōng	部首	笔画	结构	造字	组词
棕	木	12	左右	形声	棕色　棕毛
	辨字	综（综合　综述）　踪（踪迹　跟踪）			
字义	1.棕毛。2.棕榈。				
造句	小麻雀的羽毛是棕色的。				

chí	部首	笔画	结构	造字	组词
迟	辶	7	半包围	形声	迟到　迟钝
	辨字	这（这个　这样）　尺（尺子　尺寸）			
字义	1.晚。2.慢，缓。				
造句	要迟到了，小刚急忙背起书包向学校跑去。				

会认的字

wā	组词
洼	坑坑洼洼 山洼

líng	组词
凌	凌乱 凌晨

zēng	组词
增	增加 增强

多音字

铺 $\left[\begin{array}{l}pū（铺床）（铺满）\\ pù（店铺）（商铺）\end{array}\right.$

辨析： 表示"把东西散开位置，平摆"时，读 pū；表示"商店""用板子搭的床"等时，读 pù。

近义词

明朗—明亮　　潮湿—湿润　　凌乱—杂乱

增添—增加　　放晴—转晴　　规则—规矩

反义词

明朗—阴沉　　潮湿—干燥　　凌乱—整齐

增添—减少　　仔细—马虎　　尽头—起点

日积月累

1．啊！多么明朗的天空。

2．这一片片闪着雨珠的叶子，一掉下来，便紧紧地粘在湿漉漉的水泥道上了。

3．水泥道像铺上了一块彩色的地毯。这是一块印着落叶图案的、闪闪发光的地毯，从脚下一直铺到很远很远的地方，一直到路的尽头……

4．每一片法国梧桐树的落叶，都像一个金色的小巴掌，熨帖地、平展地粘在水泥道上。

5.我穿着一双棕红色的小雨靴。你瞧，这多像两只棕红色的小鸟，在秋天金黄的叶丛间，愉快地蹦跳着、歌唱着……

读后感想

读后感

课文《铺满金色巴掌的水泥道》讲述了一夜秋风、一夜秋雨后，作者无意中发现上学路上法国梧桐树和水泥道的变化，然后又进行了细致的观察，发现铺满金色梧桐树叶的水泥道很美。故事表现了作者对水泥道美景的喜爱之情。

从这篇课文中，我体会到了水泥道的美，作者把金色的落叶比喻成小巴掌，把棕红色的雨靴比喻成两只棕红色的小鸟，整篇课文写得生动有趣，我非常喜欢。

通过学习这篇课文，我知道，只有细心地观察，才能发现事物的本质，才能发现生活中的美。我要走进大自然，了解大自然，留心观察身边事物的变化，与自然和谐共处。

精彩语句

留心观察身边事物的变化，与自然和谐共处。

结尾处作者表达了自己的感想和感悟。

妙笔生花

每天走在上学和放学的路上，你有没有留心路上的风景？拿起手中的笔，描绘一下自己在路上遇到的美丽风景吧！

_____

_____

_____

_____

////////////////////// 知识乐园 //////////////////////

一、我能写出生字的拼音。

院（   ） 增（   ） 靴（   ） 棕（   ）

墙（   ） 凌（   ） 洼（   ） 印（   ）

二、在括号里填上恰当的词语。

（   ）的水泥道   （   ）的天空

（   ）的落叶   （   ）的地毯

（   ）的水洼   （   ）的雨靴

（   ）的巴掌   （   ）的小鸟

三、写出下面加点词语的近义词。

1.啊！多么明朗（   ）的天空。

2.它们排列得并不规则（   ），甚至有些凌乱（   ）。

3.这更增添（   ）了水泥道的美。

四、理解文中语句，判断正误。

1.这多像两只棕红色的小鸟，在秋天金黄的叶丛间，愉快地蹦跳着、歌唱……

（1）这里把人走路的样子比作两只蹦跳着、歌唱着的小鸟。　　　　　　　　　　　　　（　　）

（2）这句话表现了作者行走在这样的水泥道上的快乐心情。　　　　　　　　　　　　　（　　）

（3）句中的省略号表示列举的省略。　　（　　）

2.当我背着书包去上学时，第一回觉得，门前的水泥道真美啊！

（1）这是一个感叹句，表达了对所看到的景色的赞美。　　　　　　　　　　　　　　　（　　）

（2）"第一回"说明这个水泥道是新修的，以前不是这个样子。　　　　　　　　　　　　（　　）

（3）水泥道因秋风、秋雨后的落叶而美，体现了作者对秋天的赞美。　　　　　　　　　　（　　）

作家经典作品

自主阅读

梦的大树

深夜，带上心爱的图书。

我用好心情编一架绳梯，用想象搭起木屋，用爱心做窗户，我在梦的大树上，建一间温馨的童话小屋。

翻开书本，书页里的熊来了，河马来了，星星来了，胖胖的鳄鱼和机器人都来了……

我们用月光泡茶，用树叶的沙沙声做成甜食。我们轻声谈笑，时而倾听，树上喜鹊太太的蛋正在爆裂，小小鸟儿探出头来，发出第一声欢叫；时而倾听，月亮在悄悄地移动脚步……

深夜带上心爱的图书。

躲在梦的大树上，我和童话中的朋友相会。

外婆家的小狗狗

　　每次回家乡，爸爸妈妈总是带我乘船去的。

　　我最爱坐在船舱里，望着窗外的一座座青山。我熟悉家乡河两岸的青山。

　　瞧，这座山多像骆驼啊，它叫骆驼山。过了骆驼山，就是大象山，过了大象山，就是老人山。老人山就像外公站在江边，盼我快点儿来到他身边呢！

　　过了老人山，就是仙女峰。仙女峰真像是一位美丽的仙女。过了仙女峰，就是狗狗山了。这是我给这座小山起的名字。

　　小山挺像外婆家养的一条小狗狗。

　　狗狗是我小时候的好朋友。

　　过了狗狗山，就快到外婆家了。

　　那么多的日子没回家，我还能认出外婆家的狗狗吗？外婆家的狗狗呢，你还能认出我来吗？我现在再也不是那个要外公背着、要外婆抱着的小胖娃娃了。

　　我长成了一个挺懂事的大男孩。

　　瞧着船舱外的狗狗山，我说："外婆家的小狗狗，你还能认出我来吗？"

苦苦的野菜汤

外婆带我到田间挖野菜。

外婆告诉我："小冬冬，你瞧，这是野荠菜，这是马兰头，这是可以拌豆腐的野葱，这是可以晒咸菜干包饺子的马齿菜……"

我说："外婆，我真爱吃你烧的野菜，香喷喷的荠菜，用芝麻油拌的马兰头，还有用马齿菜包的饺子……"

外婆笑了，不过她在微笑时含着泪花。

外婆说，她小时候吃的野菜不是用香喷喷的油炒的，也没有芝麻油来拌小葱豆腐、拌马兰头，更没有面粉来包饺子。那时候，把野菜放在清水里煮一煮……

外婆的童年，是喝着野菜汤度过的。

我对外婆说："外婆，今天回去，你也把野菜放在清水里煮一煮给我吃好吗？"

我要尝尝外婆童年时常吃的、苦苦的野菜汤。

外婆讲故事的时候

外婆讲故事的时候，喜欢坐在院子里的小竹椅上；

外婆讲故事的时候，喜欢手拿一把蒲扇；

外婆讲故事的时候，喜欢头顶着满天的星星。

于是，外婆故事里有着院子里栀子花的香味，外婆的故事里有着蒲扇扇出来的阵阵凉风，外婆的故事里还有着闪烁的星星。

你仔细听听，外婆讲故事的时候，还有竹椅吱呀吱呀的响声和远处青蛙、虫儿们的低鸣……

童年，最快乐的时刻，是在院子里听外婆讲故事。

太阳·绿树·蘑菇

下雨了。

雨下得细细密密、淅淅沥沥的。

爸爸、妈妈和我一起出门，我们每个人都撑着一把伞，雨天里晃动着两把大大的伞和一把小小的伞。

爸爸的伞是红色的，像一轮红日行走在大街上；妈妈的伞呢，是翠绿翠绿的，像一棵可爱的树呢，雨中的树多绿、多亮、多美丽啊！

我的小伞是白色的。

我像一朵白白的、嫩嫩的小蘑菇吗？

我们一家撑着伞，走在街上——

雨点渐渐小了，天开始放晴了。你瞧我家门前的街上，红红的太阳照着绿绿的树，绿绿的树下有着一朵白白的小蘑菇……

小雨点的见闻

一颗可爱的小雨点落下来，落在玻璃窗上，他怎么也站不住脚，一个劲儿地沿着玻璃往下滑着，飞快地滑着，一路上他看见了什么呢？

他看到了屋子的天花板；看到粉刷得很好看的墙壁；看到了放着各种五颜六色玩具的书橱顶；看到了一排排的书；看到了一张宽大的写字桌；看到一个挺漂亮的小男孩，正伏在桌子上，专心地做着什么。小雨点想看得再仔细一点儿，不行了，他已经滑到了玻璃窗的下面，掉进了一个小花盆里……

小雨点钻进了花盆的泥土里。

小雨点钻进了一棵茉莉花的枝干里，茉莉花往上长，小雨点也往上爬。长啊，爬啊，终于有一天，小雨点爬进了茉莉花的花蕊里。

花朵开了，小雨点从花蕊里往外张望。

啊，他又看见了这间屋子。小雨点想起来了，他上次就是在这么个傍晚落下来的。

小雨点抬头望着熟悉的天花板，望着粉刷得很好看的墙壁，望着书橱上五颜六色的玩具和橱里一排排的书。

他看到了宽大的写字桌，看到了伏着的漂亮小男孩，这次他终于看清楚了，小男孩正在专心地做作业。

哦，他写的字一笔一画多漂亮，就像茉莉花的每朵花、每片绿叶那么叫人赏心悦目。小雨点还看到了小男孩专注的眼神。哦，他写的字和他的小脸蛋一样漂亮……

小雨点忍不住赞叹一句。

他一张口，花朵里的香味就飘了出来，小男孩闻到了淡雅的香味，他抬起头来，朝茉莉花，朝看不见的小雨点深情地笑了一下。

多么漂亮的笑，小雨点想再看看清楚。

——可是，小男孩又低下头去认真做作业了……

高原上的葡萄

爸爸带我来到高原上的葡萄园里。

那一排排葡萄棚真美丽，在碧绿碧绿的叶丛中间，藏着一串串碧绿碧绿的葡萄。

阿依古丽姐姐摘了一串葡萄给我吃。

啊，每一颗葡萄都是那样甜，那样清香，难怪爸爸说："用这葡萄酿成酒是很醉人的。"

我问阿依古丽姐姐："这葡萄为什么这样甜？"

姐姐说："这是用天山上融化的雪水浇灌的呀！"

这是用白雪融化的水浇灌的？

我瞧着远山上的白雪，又瞧瞧沟沟渠渠里流动着的银子一般闪亮的水说：

"这水都是从雪山上流淌下来的吗？"

阿依古丽姐姐叫我尝尝就知道了。

我从渠里掬上一捧水喝了。哈，好凉快。真的，我从这水里喝出了雪花的滋味、阳光的滋味、白云的滋味、奇花异草的滋味……

哦，我也变成一颗甜甜的葡萄了！

哦，细雨蒙蒙

哦，细雨蒙蒙。蒙蒙的细雨，洒落在叶丛间、河面上，洒落在每一个花瓣上，也洒落在我的头发上、手心里。

因为我收起了小花伞。

那么温柔的雨，我为什么要用伞来挡住她呢？我就是小树，我就是花瓣，我就是一条欢快的小溪。我喜爱雨，我张开双臂迎接这蒙蒙细雨！

我问小树，我问小河，我问每一朵小花，是什么哺育着你们成长呢？是谁在关怀和爱护着你们呢？

他们说："是太阳，是雨露，是大地。"

他们也问我："是谁哺育着你这个活泼的调皮的小姑娘呢？"

我说："是妈妈的爱，爸爸的关心，还有你们。

——小河给我送来甜甜的水，送来鱼和小虾；

——小树给我结出甜甜的果子；

——花儿派小蜜蜂给我送来花蜜。"

"大自然，像爸爸妈妈一样，关怀和哺育着我成长。"

"我爱大自然！"

雕像是会说话的

雕像是会说话的。

我听到过。

我漫步在松花江畔，看见翠绿的树丛间，竖立着一座白色的雕像。这是一个胖胖的小男孩，正在拉小提琴。他侧着头，仿佛在听琴弦上跳荡出来的乐曲声。

我的耳朵说："不，我从胖孩子那一张可爱的小嘴里，听到了他的说话声。他说：'这小鸟的啾鸣声，这树丛的哗哗声，这小朋友们捉迷藏的欢叫声，不都是从我的琴弦上拉出来的吗？'多可爱的孩子。"

哦，我侧耳细听，果然这一切正是从这个小胖男孩的琴弦上拉出来的……

于是，我知道，雕像是会说话的。

——会和所有的眼睛说话。

令人陶醉的颜色

太阳从云层里露出脸来，把一束灿烂的光投向江边的一座山冈。江的对岸，在一只长长的、用竹子编成的竹筏上，蹲着一只鱼鹰，他兴奋地叫了起来："多美的山啊，多美的阳光啊！"

斜卧的山冈，在阳光的变幻下，显示出一片奇妙的色彩——

有黑色，那是云层在岩石上的投影；

有青色，那是阳光涂抹下的松树林；

有红色，那是守林人小砖房的反射；

有蓝色，那是清清江水怀抱着蓝天。

阳光高兴地说："这是我画的，这是我画的！"

鱼鹰拍拍翅膀，不以为然地说："不，还有人的功劳。你瞧，在江水的蓝色和松树林深沉的青色中间，有一片嫩绿而略带黄色的地带，那是一群少年朋友种下的小杉树在发芽舒叶，那是一片多么好看的、充满生命活力的颜色。"

太阳不响了，当他注视着那一片小杉树林的时候，从每一棵小杉树身上发出的颜色，就更令人陶醉了……

雪　花

哦，一朵晶莹的六角形的雪花。

她从天上飘下来，慢悠悠，慢悠悠。

小雪花在想什么呢？

——她想，自己最好落在电视塔的塔尖上，那是城市最高的建筑物。也许，人们还能从电视里看到她呢。

——她想，自己最好落在一位诗人的铜像上，这位诗人曾经那么热情地赞美过雪花。

——她还想落在梅花很香的蕊里……

可就在这时，她听到一个小男孩说："妈妈，我这是第一次看到雪花，你能告诉我小雪花是什么形状的吗？"

听了这话，小雪花像一个醉汉一样，飘飘悠悠地落在小男孩胖嘟嘟的小手掌上。

小雪花没来得及说一句话，就化成了一颗亮晶晶的小水珠，但她还是听到小男孩惊喜地喊了一声——

哦，一朵晶莹的六角形的雪花……

一只猫，坐在窗台上

一只猫，坐在窗台上，她看着我。

她看着我画图画。

我画一只花瓶，花瓶里有玫瑰花，有鸢尾花，还有金黄色的向日葵……

窗外的小鸟在叫我，窗外的小狗在叫我，窗外的葡萄藤上的紫色葡萄也在叫我。

我不理他们，仔细地画啊画。

一只猫，坐在窗台上，她看着我。

她看着我坐在钢琴前练琴。

我弹一支圆舞曲，我弹一支进行曲，我再弹一支很难很难的练习曲。

钢琴上，小布熊在叫我，巧克力在叫我，那一盘红苹果也在叫我。我不理他们，我开心地弹啊弹。

窗台上那只猫笑了。

她叫了一声喵——呜——

小猫是在说：真是个专心的女孩！

一串快乐的音符

有一串快乐的音符。

他们是从哪里来的，连他们自己也搞不清楚。

也许是一位音乐家用提琴奏出了他们；也许是个初学钢琴的女孩子在琴键上弹出了他们；也许是骑在牛背上的小牧童用短笛吹出了他们；也可能是个小男孩走在田埂上，用轻快的口哨吹出了他们……

反正，他们刚一获得生命，就串联在一起，快乐地飞跑在田野上。他们甚至来不及回头看一看，是谁奏出了他们。他们一个拉着一个的手，像轻风一样在田野上跑着，唱着。

他们从快乐的小鸟身边跑过，小鸟没有他们唱得好听；

他们从奔流的小溪身边跑过，小溪没有他们唱得深情。

他们跑过森林，跑过草丛，跑过群山间的峡谷……

小音符们不愿意停留下来，他们到处飞跑，多么高兴。

在城市的一幢小楼上，有一扇小窗开着，对着星星闪烁的夜空。小音符们感到很好奇，就钻了进去。

哦，里面有个白头发的老奶奶。她的老伴——一个挺温和、挺幽默的老爷爷去世了，老奶奶感到很孤独，她在思念老爷爷。

突然，她听到从窗外飞进来的小音符们的歌。啊，多么熟悉的歌，这是老爷爷年轻时就爱哼唱的歌。还在老爷爷和老奶奶初次相识时，老爷爷就为老奶奶哼过这支快乐的曲子。后来这曲子陪伴老爷爷和老奶奶生活了很长的岁月……

老爷爷虽然离去了，可这段快乐的歌还在。如今歌声又飞进来了，就像当年老爷爷在轻柔的月光下，轻轻地哼唱着。

老奶奶含着晶莹的泪花，她笑了，笑得很动情。

不知为什么，小音符们再也跑不动了，他们也不想跑了。小音符们手拉手地钻进了老奶奶的心里，他们愿意留在那里。

当老奶奶寂寞时，他们就轻轻地哼唱着。

唱着这支老奶奶熟悉的，老爷爷年轻时曾经哼唱过的曲子……

路 牌

走在路上，我喜欢看路牌。这块路牌，告诉我去幼儿园怎么走。

那块路牌，告诉我去外婆家的方向。

还有一块我喜欢的路牌，告诉我去公园的路……

有一次，我问一块路牌："去童话王国的路怎么走，你知道吗？"

那块路牌笑了。

他说："去童话王国的路，不能一直走，要拐弯，拐弯，再拐弯……在每一个拐弯口，都会有新奇的故事；在每一个拐弯口，你都能找到真诚的朋友……最后，你就能到达童话王国。"

我说："谢谢你——路牌！"

弹 琴

窗下，有一块神奇的土地。

还有两群聪明的、惹人喜爱的小调皮。

每一群小调皮——有五个，高高矮矮。

他们在黑和白的土地上跳跃，一会儿雄壮有力，一会儿轻盈温柔。

于是，有了进行曲，

于是，有了摇篮曲……

跳啊，快乐的小调皮，在这黑和白的土地上，跳出一串串动听的乐曲，回荡在绿叶间，洒落在花丛里。

鞋子和小路聊天

我的鞋子爱和小路聊天。

鞋子和小路聊得真开心，吧嗒、吧嗒，我就一直向前，向前。后来，我走累了，想转身往回走。

这时候，小路和我的鞋子说："别着急，请向前，再向前，千万别转身。"

我的鞋子又继续和小路聊天，吧嗒、吧嗒，我就一直向前，再向前。

啊，前面是片美丽的小树林。小树林里有知了唱歌，有蘑菇撑着小伞，还有只松鼠在向我招手、做鬼脸！

这时候，我的鞋子对小路说："谢谢，谢谢你把我引到这么好地方来！"

轻轻摇啊，小摇篮

　　我们家的墙角里，放着一只有趣的小摇篮。小摇篮里铺着软软的褥子，还有一只漂亮的绣着小熊的枕头。

　　我用手轻轻一推，小摇篮就左右摇摆起来。

　　妈妈说我小时候就睡在这只小摇篮里。

　　我说："怎么可能呢？小摇篮里装得下我吗？"

　　妈妈笑了，她说我生下来时才那么一点点大，摇篮怎么会装不下呢？

　　妈妈告诉我，那时我睡在摇篮里，她不断地唱着歌谣，讲着故事，把我一点点摇大。

　　我怎么也想不起来，我曾经睡在摇篮里；我怎么也想不起来，妈妈给我唱过什么歌谣、讲过什么故事。

　　直到有一天，我把家里养的小狗放进摇篮里，我轻轻地摇啊，摇着这只小摇篮。

　　摇着，摇着，我都想起来了，想起我睡在摇篮里，不肯闭上眼睛的模样；想起了妈妈轻轻地摇着我，给我唱过的好听的歌谣，给我讲过的有趣的故事……

我家的小男孩熊

你家里有小熊吗？

我家有只小布熊，那是一只挺漂亮、挺神气的小布熊。

每次，小布熊身上弄脏了，我会把他放进洗衣机里洗一洗，再用一只大夹子把他夹在阳台的绳子上，让暖暖的太阳把他晒干。

我把洗干净的小布熊放进玩具橱里时，会在他身上喷一点儿妈妈用的香水，让他变得香喷喷的。

有一天，小布熊生气地对我说："好朋友，你别忘了，我像你一样是个小男孩，我是一个小男孩熊！"

从此，我洗干净小布熊后，再也不往他身上喷香水。

我会把他放在玩具橱里的那只小足球旁边，小男孩熊抬头望着我，他笑得很神气，很自豪。

我的小布熊，是一只顶呱呱的小男孩熊。

当妈妈拉开窗帘的时候

每天，当妈妈拉开窗帘的时候——

我说："电影开场喽！"

是的，电影开场了。

我看见窗外的大树在向我招手，我看见树上的小鸟在枝头蹦着、跳着，唱着好听的歌。

我看见太阳从远处升起，把金色的阳光到处涂抹，把每家每户的窗子都映得亮晶晶的。

我还看见，一群像我这样大的娃娃，跟在叔叔阿姨后面练跑步，他们像是奔跑在林荫道上的一群快乐的鹿。

于是，我回过头来，对妈妈说："妈妈，我也要跑到电影里去了！"

妈妈打开门，笑了。每天，当妈妈拉开窗帘的时候——

我说："电影开场喽！"

晚餐后，月亮升起在树丛间

晚餐后，月亮升起在树丛间。

她默默地注视着我们全家。

爸爸在沙发上看报。

妈妈提着洗净晾干的衣服。

我给爸爸妈妈送上一杯热茶，送上一盘洗干净的紫色葡萄。

晚餐后，月亮升起在树丛间。

她默默地注视着我们全家。

我走到钢琴边，轻轻翻开琴盖。

我灵巧的手指，在钢琴的键盘上跳舞，它在倾诉着我对全家的爱——

我弹着莫扎特的《小夜曲》。

我弹着巴赫的《小步舞曲》。

我还弹奏着前不久，我从唱片上学来的歌《我的家》，我轻轻哼唱着："家啊，我可爱的家……"

　　晚餐后，月亮升起在树丛间。
　　她默默地注视着我们全家。

雨天，晴天，我们走进森林

雨天，我们走进森林。

林间的每一棵树都是一架绿色的钢琴。雨点像活泼的、跳跃的小手指，在叶丛间弹奏着。

叮咚，叮咚；

沙啦，沙啦……

你细细地听吧，这里有圆舞曲，还有雄浑的交响乐……

晴天，我们走进森林。

林间的每棵树都像一把撑开的绿伞。你抬头看不见阳光，看不见天，看到的只是密密麻麻、重重叠叠的叶片，只是纵横交错的枝条。

太阳晒不进来，太阳只能把一层又一层的树叶晒得有点儿发亮、透明，透明得就像绿色的翡翠。

松鼠在浓荫中跳来跳去，小鸟在浓荫中快乐歌唱。

他们在感谢林间的每棵树——真是一把把的伞，绿色的伞。

灌木丛的倒影

清清亮亮的小溪边上，站着一排高高低低的灌木丛。高高低低的灌木丛上，长着大大小小的绿叶，开着星星点点的花。

小灌木丛，他们那么整齐地排着，那么高兴地站着，在看些什么呢？

哦，在看他们留在溪水中的倒影——

溪水中，有一排轻轻晃动的小灌木丛。

每一棵灌木都看得很专注。不过，他们不是在看自己，而是在欣赏别人，看别人留在溪水里的美丽的倒影。

他们欣赏着别人，也被别人欣赏着。

连一棵最矮最小，最不起眼的小灌木，也引起了大伙儿的注意——

因为，在他细细弱弱的枝条中间，游着一群自由自在的小鱼，他们摆动着小小的尾巴，在晃动着的枝叶间游来游去，就像树丛里飞翔着一群快活的小鸟……

每当游人们走过溪边，都会在这里看上半天，看这些高高低低、粗粗细细的灌木留在溪水里的倒影。

他们就像在读一本书，看一场电影，浏览一幅很美很美的画……

森林和风

整个森林睡着了。

一丝风也没有，树叶纹丝不动。

猴子觉得无聊，松鼠感到寂寞，连小鸟也懒得歌唱了。

没有声响的森林，没有活力的森林，连素心兰的香味都凝结了，小溪也板着脸，好像她不再是流水了，而是一块玻璃……

为什么会这样呢？

小鸟想起来了，因为这里缺少风。

整个森林睡着了。

一丝风也没有，树叶纹丝不动。

小鸟离开了森林，飞啊飞啊，她去遥远的草原，请来了顽皮的风姑娘。

风吹动了第一片树叶、第二片树叶，沙沙的响声，引来了小鸟的歌唱。

风吹动了树枝，树枝摇晃着，小猴、小松鼠以为伙伴们都出来游戏了，他们一起拥了出来，在枝头跳跃着，嬉闹着。

风吹动了素心兰，把她的香味带到了很远的地方，金色的小蜜蜂被花香引来了，嗡嗡地扇动着翅膀。

风也吹动了小溪水，小溪露出了一个个笑窝。一朵朵粉红色的睡莲，在水中晃动着，她们觉得自己晃动的倒影是那么美。

青蛙也乐得打起鼓，呱呱呱呱地欢叫着……

整个森林欢腾起来。

大伙儿都感谢风，谢谢活泼好动的风姑娘。

一本打开的童话书

我在森林里玩累了。

无论谁，第一次走进大森林，都会玩得筋疲力尽的。

我坐在林中草地上，注意到远处有个水潭。可是，它再也不能吸引我了，比起有无限丰富的色彩、音响的森林来说，它实在是太单调了。

就在这时，我看见一只尾巴长长的、身穿花衣裳的小鸟飞来了。她在水潭边看了好久，抬起头快乐地唱了起来："快——看，快——看，真好看！"

后来，她拍拍翅膀飞走了。

于是，我怀着好奇心，来看这个水潭。

啊，真好看的水潭——

浅浅的水潭，映出了白桦树和一丛丛鲜红的小红叶树的倒影，映出了一朵白云懒懒飘过的倒影，映出了一棵小小的狗尾巴草的倒影。还有什么呢？还有一张被汗水弄花了的、有着两只大眼睛的顽皮笑脸的倒影。这是我吗？有点儿像，又不太像。

我知道，就在几秒钟前，它还映出过一只美丽小鸟的倒影。也许不久前,它还映出过小鹿、狐狸和色彩绚丽的小蝴蝶的倒影……

森林里的水潭,它像什么呢?像电视机的屏幕吗?不,我觉得它更像一本打开的、有着有趣插图的童话书……

大树说，下雨的时候

晴天里，一朵小蘑菇向草地上的那棵大树说："大树先生，下雨天你在干什么？"

大树说："下雨的时候，我的叶片在洗澡。

"我让雨点淅沥沥、沙啦啦，把每张叶片都冲一冲，洗一洗，让每张叶子都变得光亮亮、油绿绿的。"

大树说："下雨的时候，我伸展每一根枝条和每一张叶子来挡雨。

"我不让雨点冲走藏在叶丛深处的小鸟的巢，也不让雨点儿灌进小松鼠的洞里去。"

大树说："下雨的时候，我在练习数数。

"滴答，滴答，滴答，我一五一十地数着，我身上落下过多少晶亮晶亮的小雨点。"

大树说："下雨的时候……"

原野上，有一棵白桦树

原野上，有一棵白桦树。

小白桦树稚嫩、活泼、好动。每当暴风雨来临时，小树都会在风雨中跳着健身迪斯科。他左摇右晃，跳得那么投入，那么开心，连风和雨都被逗乐了。

有一天，大风吹来，这棵白桦树一点儿也不摇动，他直挺挺地站着。

风感到奇怪了，问他："你怎么不跳舞了？"

白桦树说："你没有看见我身上有了一个鸟窝吗？我一跳会把鸟窝颠翻的。"

这时，风才发现——

小白桦树已经长大，他显得那么稳健而又成熟……

白杨，望着阳光和彩云微笑

一棵白杨，站在田野里。

他望着阳光和彩云微笑。

一只栖息在树上的鹩鸟说："白杨先生，你忘了昨日的狂风怒号，乌云密布，大雨像鞭子抽打着你和我，而你，差点儿折断腰吗？——你怎么还有心思笑呢？"

白杨又望了一下天空说："正因为如此，我才望着阳光和彩云微笑。"

绿叶和绿叶的故事

池塘边上有一棵好大的树。

树上有好多好多绿色的叶子。

有一片叶子和另一片叶子，由于他们中间有很多树叶的间隔，彼此无法相见。

有一天，他们从大树映照在池塘中的倒影里，看见了自己，也看见了对方，他们互相认识了。

两片绿叶一见如故。

两片绿叶彼此倾心。

两片绿叶用微笑传递相互间的问候和热情，两片绿叶用歌唱互诉衷肠。他们虽然相隔遥远，可是彼此总觉得时时都在一起。

这是两片快乐无比的树叶。当黑夜笼罩时，他们盼望黎明的曙光；当乌云满天时，他们从不怀疑，灿烂的阳光会重新把他们的影子映在一起。

两片绿叶并不急切期望着碰头。

因为他们知道，当秋风吹起的时候，他们会变成两艘并驾齐驱的落叶小船……

森林小木屋

森林里有一幢小木屋。

小木屋有结实的墙，有尖尖的房顶，有好看的窗台，还有道矮矮的木栅栏。

小木屋的房顶上，有个小烟囱；小木屋的门前，还有一道弯弯曲曲的小路，直通森林……

窗　台

小木屋的窗台，是平展展的。

窗台边上，放着两盆好看的蝴蝶花，好像那里停着一群风吹不走、雨打不散的花蝴蝶。

老奶奶爱在窗台上撒下一些小饭粒、面包屑。因为，这里还是小鸟们的乐园。黄鹂鸟、白头翁、鸫鸟飞来啄食这些小点心。然后，他们就为老奶奶放开歌喉，唱一曲非常非常好听的歌。

小窗台是美丽的、热闹的。这里有老奶奶的爱，有小鸟的歌，还有那一簇簇随风起舞的美丽花蝴蝶……

会唱歌的门

小木屋的门会唱歌。

"吱呀!"

这是小木屋清晨的第一支歌,它惊醒了大森林。于是,老爷爷挥舞起扫帚,清扫通往森林的小路;老奶奶用晶亮晶亮的山泉水,浇灌院子里的花……于是,鸟儿们开始在枝头跳跃,野兔开始在草丛间跑步,晨雾开始从森林里悄悄隐退,让花儿露出美丽的笑脸……

"吱呀!"

这是小屋送给森林的第一支歌。

台 阶

小木屋门前的台阶,是用一块块石头砌成的。

石块的缝里长着青青的草,开出朵朵无名的花。

石块上还生着一片片苔藓,绿色的苔藓长在一个个石凹里,就像谁在那里随意泼下了一摊摊绿色,暗暗的绿色。

木屋门前的台阶,是小松鼠们的长板凳。

他们爱成双成对地坐在台阶前,啃着松果聊天,他们还爱在这儿静静地听着——

听什么呢?

哦,这里是松鼠们世世代代爱来的地方。

他们在这儿听自己的祖父祖母们留下的说笑声,听爸爸妈妈欢乐的歌声;他们也在寻找,寻找自己童年时的爽朗笑声……

松鼠们说，这石头台阶，是他们松鼠家族最好的板凳。

小路，通向森林的路

台阶前弯弯曲曲的小路，是小木屋的几代主人用脚开辟出来的路。这路是古老的，这路也是年轻的。

古老的是坚实的路面。它曾留下过无数的脚印，每一个脚印都把岁月踩了进去，每一个脚印都把辛劳、希望、追求、悲伤和喜悦踩了进去。要是小路能开口说话的话，它能说出许多古老的故事。

年轻的是小路两边的鲜花和绿草。季节女神不愧是绣花巧手，它每月每季都变换着花样，为小路两旁镶上美丽的花边。瞧那一片又一片，一簇又一簇，不断盛开和蔓延着的蒲公英、鸢尾花、矢车菊、紫苜蓿……让你目不暇接。

小路的古老给人留下沉思，小路的年轻让人充满希望。

烟　囱

小木屋最高高在上的是烟囱。

烟囱不大，但它像个爱爬屋顶的小调皮。小烟囱嘴里，不时吐出淡淡的烟。

当小烟囱冒烟的时候，森林里的树木很高兴，它们知道，是小木屋的主人在用枯树枝烧饭、取暖。大森林从太阳公公那里取得热量，它们再把热量珍藏在枯树枝里，送给可爱的小木屋。小烟囱里冒出的烟，是森林送给小木屋的关怀和爱。

当烟囱不冒烟的时候，鸟儿们飞来站在这里。它们像一只只高高站立的风向标，转来转去，和远处树上的小鸟与松鼠们打招呼。

小木屋的门、窗和台阶，没法离开小木屋，去看看小烟囱——他们这位高高在上的兄弟。但从小栅栏、小鸟们的赞扬声中，他们知道了——

自己有一位多么调皮、漂亮的小兄弟！

木栅栏

木栅栏像一群手拉手的快乐孩子，围着小木屋跳舞。牵牛藤爬上了他们的身子，用红色、蓝色、紫色的喇叭花为他们伴奏。小松鼠从树上跳下来，为他们叫好。

木栅栏是一群手拉手的哨兵，每一个战士都那么忠于职守。他们站得牢牢地、稳稳地，他们牵着的手在不断地传递信息。保卫小木屋不受侵犯，是他们神圣的职责。

木栅栏上爬满了美丽的牵牛花和茑萝花，木栅栏的身边，还盛开着许多五彩缤纷的小野花。小鸟飞来对小木屋说：

"小木屋，木栅栏是你好看的花裙子。"

月亮边上的星星

每天晚上，我都会瞧着窗外那颗明亮的星星。

那颗明亮的星星就在月亮边上。

记得我很小很小的时候，奶奶在哄我睡觉时，都会说："睡吧，睡吧，等你睡着了，奶奶就上那颗星星上去，帮你取巧克力，奶奶在那里藏着许多巧克力呢！"

第二天早上，我就能吃到奶奶从那颗星星上取来的巧克力。

如今，奶奶已经不在了，她到一个非常非常遥远的地方去了。但我每天晚上，还会注视着那颗星星，那颗在月亮边上的星星。那是奶奶的星星，她曾在上面藏过许多许多巧克力……

星期六的午后

星期六的午后，手捧一本美丽的童话书——

我乘上一趟列车，奔跑在用彩虹铺设的轨道上。

笑是车头，歌是车轮，车厢两边镶着用魔法做成的窗。我的左边坐着棕熊，右边坐着松鼠和一位拿着红色小伞的姑娘；我的对面坐着狮子、兔子、犀牛和刺猬……哦，他们讲着非常有趣的故事。

车窗外，我能看见一朵白云，她也想挤进车来……

这不是梦，这是一个星期六的午后。瞧，手捧美丽童话书——我身边有一杯冒着热气的茶……

自行车上的鲜花

小姑娘在河边采了一大捧鲜花。

她把鲜花放在她的自行车上载走。

五只小蜜蜂紧紧跟随着她的自行车，不愿飞走。

小姑娘竖起耳朵听，听小蜜蜂在说些什么。

"嗡嗡嗡。"小蜜蜂说，"你把鲜花采走，让我们用什么来酿蜜？"

小姑娘停下车说："对不起，小蜜蜂，我不是有意的。我会在小河边种下很多很多的鲜花。"

小蜜蜂听了这话，才一起飞走了。

小姑娘回到家里，拿来了锄头和花的种子，她要在河边种下一大片鲜花。

小鼹鼠和大橡树

一只小鼹鼠在一棵大橡树下安了家。

小鼹鼠喜欢春天的橡树。

春天的大橡树发出许多许多嫩绿的芽。冬天的积雪融化了，大橡树周围的泥土湿润润的，大橡树发出一阵阵好闻的春天的气息。

这时，小鼹鼠会爬出洞来，对大橡树说一声：

"大橡树，春天好！"

一只小鼹鼠在一棵大橡树下乘凉。

夏天的大橡树枝繁叶茂，大橡树那些宽宽大大的绿叶，像一只只绿色的大手掌，整个夏天，那些绿色的手掌都在蓝天下不停地挥舞着，好像在和天空里每一只飞过的鸟、地面上每一只走过的小动物打招呼。

这时，小鼹鼠会抬起头来，对大橡树说一声：

"大橡树，夏天好！"

一只小鼹鼠站立在大橡树下，秋天来了。

小鼹鼠可喜欢秋天的大橡树了。

秋天的大橡树会落下许多树叶，树叶在秋风吹拂下，跳着快乐的舞。小鼹鼠喜欢躲在一堆堆落叶下，听落叶唱沙啦沙啦的歌，讲窸窸窣窣的童话，那里面真是又安静，又暖和……

这时，小鼹鼠会从落叶堆中伸出头来说：

"大橡树，秋天快乐！"

冬天来了。小鼹鼠还生活在大橡树下的泥洞里。小鼹鼠很喜欢冬天的橡树。

大橡树在寒风中站立着，他在默默地沉思。纷纷扬扬的雪花开始飘落。大橡树的枝条上，慢慢积起了一堆堆白色的雪花，他的枝条都变成银色的了。小鼹鼠仿佛听到大橡树被白雪遮盖着的枝条内，一股绿色的汁液在奔跑着，就像泉水在严冰下涌动一样。这些绿色汁液和躲在大橡树枝条内的小嫩芽悄悄耳语——春天快来了！

小鼹鼠冒着寒风，用手推开洞口的积雪说：

"大橡树，祝你冬天愉快！"

小娴娴的气球

小加加玩了一会儿小娴娴的气球。

当他把气球还给小娴娴的时候，小娴娴没有接住，红色的大气球从小加加和小娴娴手中飞走了。

大气球摇晃着圆圆的身子，一点点，一点点，越飞越高，越飞越小了。

小加加以为小娴娴会哭的，可是小娴娴没哭。她瞧着大气球飞过树梢，飞过房顶，一直飞向飘着白云的天空。

小加加问小娴娴："气球跑了你不难过吗？"

"不，"小娴娴说，"我的大气球去找新朋友了。你瞧，天空中小鸟在欢迎它，白云在欢迎它，连太阳公公也欢迎它呢！"

就在这天晚上，小娴娴和小加加都做了一个梦，梦见红气球又飞回来了，飞到他们的身边，给他们讲天空、小鸟和太阳的故事……

小娴娴、小加加听啊听啊，两张小脸高兴得像红红的小气球。

小房子上的绿豆荚

我们家的院子里，有一座尖顶的小木屋，那是小狗花花的家。

我们家小狗花花的木头房子上，结出许多绿色的小豆荚，小豆荚像一串串绿色的小铃铛。

风儿吹来，他问小狗花花："这绿色豆荚是你栽的吗？"

小狗花花说："不是的，但我很喜欢！"

风儿吹来，他问小房子："这绿色豆荚是你栽的吗？"

小房子说："不是的，但我很喜欢！"

我躲在窗下笑了，是我种下了小豆苗，让绿豆荚爬满了小房子。

有一天，我在给小狗吃的骨头汤里，放上了鲜嫩的绿豆荚。我问："小狗花花，绿豆荚好吃吗？"

小狗花花说："好吃极了，你吃了吗？"

我说："我吃过了，你房子上的绿豆荚真好吃！"

雪　山

在九寨沟长满五彩树的群峰中，一座雪山突兀而出。

雪山顶上，没长花，没长树，只有终年不化的皑皑白雪。

人们挤在路边，从几座青翠山峰的豁口中，注视着这座雪山的白色峰顶。

雪山安详地耸立在远处，那在阳光下闪耀的白雪，多么像苍老母亲头上的银发。

大家静静地望着雪山，因为她像众山之母，虽然没有瑰丽的色彩，没有靓丽的容貌，但大家还是怀着敬意默默地注视着——

因为母亲总是让人升起油然的敬意。

小鸟，别啄雪人的鼻子

北风爷爷走了，留下满院的白雪。

我们堆啊，堆啊，堆出一个大雪人。

雪人的眼睛是两颗煤核，雪人的鼻子呢，是一根红红的胡萝卜。

雪人真可爱。

啊呀，怎么有两只小鸟在啄雪人的鼻子?

哦，小鸟冬天里找不到食物，他们饿坏了。

小鸟，别啄雪人的鼻子!

我们给小鸟送去菜叶、饭粒和小虫子。

小鸟再不啄雪人的红鼻子了，他们吃饱了，停在雪人的肩头、手上……

小鸟高兴地唱着，雪人愉快地笑着。

这时，最开心的是我们。

美丽的图画

我们院里的小白猫，像是一位艺术家。

他喜欢看月光把稀疏的树影投在雪白的墙上；

他喜欢看太阳光下，木栅栏的影子被拉得长长的；

他爱看白云在天上懒懒地飘；

他还爱看门前的水塘里，映着朵朵小红花……

我们的小白猫，是位爱欣赏图画的艺术家。

可是，他对我画在墙角里的小人和乌龟却从来不瞧，这使我有点儿失望。当我用白涂料把小人和乌龟全部粉刷掉，面对着雪白的墙，小白猫看了又看，好像在说：

"这倒是幅美丽的图画！"

他的故事就是我的梦

我有一位朋友，你认识吗？他有长长方方的面孔，他有像妈妈一样温柔亲切的脸颊。

每当他亲着我的脸，就在我的耳边轻轻地讲故事。

哦，那五彩的云霞，那神奇的鸟，还有美丽的公主、善良的小鹿、聪明的狐狸、快乐的松鼠；还有好吃的蛋糕、巧克力做成的屋子；还有喔喔叫的公鸡、妈妈轻轻的呼唤……

对了，我的朋友就是美丽的小枕头。他的故事，就是我的梦。

站在巢边的小鸫鸟

一只小鸫鸟，
她站在巢边的树枝上。

小鸫鸟不知道自己是想出去，还是想回家。
小鸫鸟的一位好朋友，那只黑色的美丽的小雨燕回南方去了。
小鸫鸟失去了好朋友……
她觉得回家没意思，
她觉得出门也没意思。

一只小鸫鸟。
她这才明白，好朋友对她是多么重要。

爱写诗的小螃蟹

海边，有一只小螃蟹。

这只孤独的小螃蟹非常爱写诗。

他每天在沙滩上写下一行又一行的诗，然后轻轻地吟诵着。

他问一阵吹来的风："我的诗写得好吗？"

风一使劲，就把小螃蟹的诗全吹散了。

小螃蟹继续写他的诗。

他问一只顽皮的海龟："我的诗你喜欢吗？"

海龟用自己的肚子当橡皮擦，把小螃蟹辛辛苦苦写的诗全擦掉了。

小螃蟹还是坚持写他的诗。

他问涌来的海浪："你能读读我写的诗吗？"

海浪没有读完就说："算啦，算啦……"把小螃蟹的诗全冲走了。

小螃蟹很伤心，流下了咸涩的泪。

这时，有一只白头翁飞过。

白头翁嘴里唱的，正是小螃蟹写下的诗。

原来，白头翁每次飞过海滩时，总是认认真真地读小螃蟹写下的诗，她还把它们记在心里，并告诉她的很多朋友。

沙滩上早就没有了这些诗篇，可它们留在了白头翁和她的朋友们的歌里。

不知为什么，小螃蟹又哭了，不过他哭得很开心。

初次离开妈妈的黄鹂鸟

一只小黄鹂，第一次离开妈妈，自己外出捕虫了。

当小黄鹂飞了一天，疲倦地回到家里时，妈妈问他看到、听到些什么。

小黄鹂说："除了虫子，我什么也没看到。"

妈妈失望了，说："我们不是光为了虫子而生活的。"

这只小黄鹂，第二天又疲倦地飞回来了。

妈妈问他看到、听到些什么。

小黄鹂说："我看到一只老白头翁真可怜，她老得不能捕虫了，我把捕到的虫子送给了她。我还看到一只小百灵鸟，她的歌声真好听，我听了半天。我想，将来我也许会唱得比她更好听的。"

妈妈高兴极了，她说："你开始懂得怎样生活了……"

阁楼·田野·城堡·高架和我的童话

在很小的时候，大概是八岁吧。我家住在上海一条名叫大德坊的弄堂里，住在一间石库门房子的最高处——三层阁楼上，房间很小，房子外面有一个挺大的阳台。

阁楼很简陋，地板会咯咯作响。每年夏天暴风雨来临的时候，老虎天窗①也会咯咯作响，这时我家就成了危房，全家人都得到楼下阿狗妈家的客堂②里避难。

而我却爱在这个时候，独自躲在风雨飘摇的三层阁楼上读我的童话。那时候，我最迷恋童话，特别是格林兄弟和安徒生的童话。时隔五十年了，我还清楚地记得，小屋的窗户在暴风雨中摇晃，发出可怕的响声；屋顶也在漏水，水滴在脸盆里滴答滴答地响着。而我却在为《大克劳斯和小克劳斯》的有趣故事，乐得哈哈直笑。那阁楼虽说像是飘摇在风雨中的危船，在船舱的一角却显得格外宁静，因为那里有个沉迷于童话的小孩。

没过多久，我们全家搬到郊区的一间农舍里，农舍坐

①老虎天窗：凸出在房顶斜面的小窗，用以采光、通气。——编者注
②客堂：接待宾客的房间。——编者注

落在田野中间，一出门就能见到绿油油的庄稼和一望无际的田野。我在当地就读的那所小学，可以说是当时上海最大的一所小学，占地有五十多亩，校名叫上海小学，边上就是大名鼎鼎的上海中学。

两所学校连在一起，不仅有很大很大的校园，还有几处很美、很静谧的小池塘。

从逼仄的城市来到广阔的田野上，虽说不像以前那么容易找到童话书了，但我却读到了更多无字的童话——我读门前的庄稼，读校园里高低错落的树木，读静谧的池塘，读更加广阔的蓝天，读那些小鱼、小虾和蝌蚪，还有可怕的蛇和出没于坟地里的獾和野兔。大自然给了我更多的童话，使我一辈子都受用不尽。

可惜，这样的日子并不长，我又回到了城里。

这次居住的条件更加糟。我们住在一幢弄堂房子的灶披间①里。这里的特点就是小，小得放不下一张桌子。再就是暗，小小的窗户，面对窄窄的后弄堂，终日见不到阳光。

可就在这时，爸爸给了我一张他工作单位的借书证，我可以每天去借书。每次放学回来，我把借来的书放在窗台上。人呢，跪在一张小方凳上，借着微弱的光亮，我读了巴金先生翻译的《王尔德童话》，读了他写的童话《长生塔》和叶圣陶先生的《稻草人》，还读了其他一些童话、

①灶披间：（方言）厨房。也指简陋狭小的住屋。——编者注

民间故事。我把这阴暗的房子和透着微亮的窗户，想象成古老而幽暗的城堡，而我就在这城堡里，与童话做伴，以丰富的想象演绎着一幕幕公主、王子、巫婆和国王们的故事。房间是狭小而阴暗的，而展现在我面前的世界却是如此光怪陆离，如此色彩斑斓……

这一年，我读小学四年级。

我是一个很笨拙的孩子，虽说我的作文写得还可以，但字总写得歪歪扭扭的，因为老觉得自己写字的速度赶不上思维的速度，字就变得连蹦带跳、跌跌撞撞的。我的数学成绩呢，大概是全班最糟的。记得读小学三年级的时候，那时学校里还没取消体罚，我遇到一位很凶的女老师。每当她发放算术作业簿的时候，总要把错一道题的两个同学的头，在一起猛撞一下；把错两道题的同学的头，在一起猛撞两下，以示惩罚。而我有时候要一连和三个同学撞头，因为谁也没我错得多。

记得有一次，我在操场上玩单杠的时候，从高处摔下来，头撞在地上，眼睛直冒金星，而脑子却没有一点儿损伤。这时，我想起了那位女教师，我有点儿感激她，是她不断撞我的头，把我撞成"铁脑袋"了。

当时我很自卑，我在同学中个头最高，要比他们高出一个头，可是学习成绩很差劲，动作也很笨拙。后来，读了安徒生的童话《丑小鸭》，我如获至宝，心想我不过是一只丑小鸭，长大了会变成天鹅的。其实，我当时并不像丑小鸭，倒像是一只营养不良的瘦弱的长腿鹤。我是一只孤独的鹤，总是一个人缩着脖子躲在角落里读童话，读小说，读那些朦朦胧胧、一下子还不太容易懂的诗……

时隔五十多年，我早已从当年的简陋的房子里，搬进了现代化的住宅小区。小区的不远处就是高架公路和地铁站，还有一座风景美丽的公园……

没想到的是我依然手不释卷地读着童话，写着童话。所不同的是我不再身处阁楼和阴暗的城堡，而是和现代化的高楼、现代化的高架公路、地铁站和公园为邻了。我的书架上摆着不少安徒生、格林兄弟、王尔德、豪夫、林格伦、罗大里的童话，在它们的边上还横放着几册我自己写的童话。

我已经从五十多年前的一只瘦弱的小鹤，变成了一只鸵鸟。背有些驼了，头发也白了，不变的是我依然和童话做伴，是一个长不大的人。

我不爱社交活动，不喜欢和人在一起抽烟、喝酒、聊天。除了繁忙的工作，只要稍有空闲，我就会像鸵鸟，把头埋进书和稿子堆里，构思我的童话。

不太熟悉的人，常以为我是个沉默寡言、不苟言笑的人。其实他们哪里知道，我是最爱和我心中的老河马、大棕熊、兔子、松鼠和小刺猬聊天的，我和他们在一起时，总是开开心心、无话不说的。

童话给了我那么多的欢乐，她让我热爱生活，热爱朋友，热爱大自然。她给我纯洁的感情、善良的心，她让我从一个开开心心的孩子，变成了一个快快活活的老头。

五十多年了，我就是这样捧着童话，从小阁楼、从田野、从阴暗的城堡，走到今天来的，漫长的光阴不知不觉地流逝了。

我心中依然装满童话……

这就是我——一个从小爱听童话、爱读童话，长大以后依然阅读童话、写作童话，五十年来从未离开过童话的人的童话。

狮子座兔子的自白

我生于 1939 年 8 月 9 日，是属兔子的。

有一位小朋友帮我查了星座表，他高兴地跑来告诉我：你是狮子座的兔子。

狮子座的兔子，这真让我惊喜。

我很爱兔子，很为自己属兔子而高兴。兔子善良、快乐，还有一点点机智，很符合我的个性。

而当我知道我是只狮子座的兔子后，更觉得自己了不起。我这只兔子除了善良、机智，还必须勇敢、坚毅，有点儿大将风范。

想到这些，我总觉得很快活。

我以一颗兔子心，去爱大自然、爱亲人、爱朋友、爱生活、爱事业、爱一切值得我爱的。

我很爱自己的编辑工作，就像一只兔子爱他的森林、草地一样。我快快乐乐地为孩子们编报纸、编刊物、编各种各样的书，我把自己的精力都献给了这个事业。你从小读者对我的称呼中就知道了：他们最早叫我编辑大哥哥，后来换成了编辑叔叔。再后来呢，换成了编辑伯伯。现在，叫我编辑张秋生爷爷，我变成了爷爷，我自己居然一点儿也没意识到。

我在从事编辑工作之余，还爱上了写作。

我有一批狐朋狗友，羊朋猫友，鸡朋鸭友，象朋鹿友，狮朋虎友，鱼朋虾友，还有刺猬朋河马友，长颈鹿朋短尾猴友……我们常常凑在一起，由他们演出一幕幕话剧，我把它记录下来，于是一篇篇的童话作品在我的笔下产生了，我把它们奉献给亲爱的小读者。

在编书写作之余，我还爱读书——读诗、读散文、读童话、读小说、读游记、读传记、读推理小说。我还爱听音乐、爱欣赏美术作品、爱集邮、爱喝茶、爱散步、爱旅游……

奇怪的是，我平时只爱静，不爱动，可是一旦离开城市，到了山村，就立刻萌发出一种想跑步、想蹦跳的冲动。我会每天早早起来，在草地上、在林间小路上撒腿长跑，这大概就是兔子的本性吧。

我觉得生活中值得爱的东西真多。

当然，生活中也会有些让人看不惯、气不过的事。在气愤之余，我这只兔子就会想，要是我是头狮子就好了，我会发出一声狮吼，向这些不愉快的事挑战，我会说："可别小看我哟，我可是头狮子……"

有时，我也会把自己想象成万能的魔法师，好心的"强盗"，想仗义去干点儿什么。

当然，我这个人是当不好什么魔法师的，因为我很粗心，记性也差极了，真的施起魔法来，肯定会闹出许多骇人听闻的笑话，会吓坏别人，也会吓坏我自己的。

我把自己的这些想法都写进了作品，你们从《玫瑰山谷里的强盗》《狮子座的兔子和山羊座的狮子》《魔法师皮里巴拉狼》和《阿西姑娘和魔法街》中都可以读到。

每每想到这些，我会觉得自己真是只狮子座的兔子。

狮子座的兔子，在很多时候都是很开心的。

因为他有狮子的胆量和气度，而食量呢，只是兔子的。他的生活很简单，一把青草、几根胡萝卜就足够了。

所以，当一只狮子座的兔子真是一件很开心的事。

早晨和黄昏的童话

在很久很久以前……

童话故事好像都是这样开头的。

可是，今天我讲的在很久很久以前……不是童话，而是一个真实的故事。

在很久很久以前，那时我还很年轻。有一段日子，我住在离动物园不远的一个小村里。这个小村很小，可是以前很大很大。在建动物园的时候，征用了小村的很多土地，正因为这样，动物园建成以后，在离小村最近的地方开了一个小小的入口，那里是不收门票的。小村里的大人、孩子随时可以通过这扇小门进入动物园，在那里割草，喂养小村里的猪、牛、羊和兔子，这是动物园和小村订的协议。

当我有幸成为小村的临时居民时，我也享有了这个特权。我常常在黄昏时走进动物园，不是去割草，而是和动物们聊天。

傍晚，落日染红了天边，动物园里的大树小树上停满了倦飞的鸟，在唱着歌。

这时，是动物园最宁静、人最少的时刻。

我来到每只笼子前，和动物们聊天。不用别人介绍，也不需要翻译，我们用眼神，用各种动作，用脸部的奇特表情来交谈。

我在每只笼子前，一站就是好久。也就在这个时候，我了解了每只动物都有不同的兴趣、爱好和脾气，我在那儿交了很多动物朋友。

那些日子的黄昏，我几乎都在动物园的笼子前流连忘返，一直到村子里的小朋友割草回家，他们会喊我一声："叔叔，该回村了，天色晚了。"

每次我都带着一肚子的故事回家。

在那个小村里，我是一早就要下地的，我在田里一边干活儿，一边想念这些动物。奇怪的是，动物也在想我，它们用各种叫声来和我打招呼。于是，在清晨，在飘荡着薄薄雾气的田头，我会细细地听它们的叫唤……

又过了很久很久，我离开那个小村，我很少再到动物园去。再说，动物园里的动物换了好几茬，它们不会再认识我了。

奇怪的是，每天早晨和黄昏，我都会想起这些动物。

于是，我就提笔写它们的故事。

为了表示它们是我的朋友，表示对它们的尊重，我总称"它们"为"他们"。他们的故事，也就成了我笔下的童话。

因为这些故事都是在早晨和黄昏到来时写的，所以我想把它们叫作"早晨和黄昏的童话"，可惜这名字太长了一点儿。我想，还是称它们为"小巴掌童话"吧，因为这些童话都只有巴掌那么点儿大。

再说，"巴掌"这个词挺亲切的，因为人与人见面时，都会伸出自己的巴掌和别人握一握。那么我这些小小的童话，就是我伸给小朋友们的巴掌，让我们使劲握一握吧！

要是小朋友们喜欢这些童话，我会再写的，因为我还有许多的早晨和黄昏……

我的城堡，我的朋友

国王有他的城堡，怪龙有他的山洞，巫婆有她阴森森的树林，我呢，有自己的一间温馨的小屋。小屋在一幢大楼的五层，它背靠高架公路，面朝着一条铁路。

小屋不大，真的不大。只能放下几个书橱和一张写字桌。小屋外面呢，有一个挺宽敞明亮的小阳台，阳台上有我夫人种的各种植物，从常春藤、铁树、海棠、君子兰到水仙花，它们都不怎么起眼，但很绿。

这是我一个人独用的小屋，是我的城堡。

但"独用"这个词，用在这里似乎不太妥。因为这里面住着许多的书，它们是我的朋友，离不开的朋友；再有，就是许多有趣的小玩具，它们也是我的朋友。这里有好朋友送的长毛绒小熊，小熊还抱着一个不锈钢的小罐呢，我曾为这个神秘的小罐写过童话。还有会呱呱叫的布制青蛙，还有大灰狼、灰老鼠、河马、大象、犀牛什么的。这些都是我走过玩具店，禁不住诱惑买来的。

这些动物玩具模样都有点儿怪怪的，并不漂亮。我喜欢长相有点儿古怪的动物，唯有这样的玩具，才能激发我的创作灵感，让我为它们写出一个个怪怪的童话。

不是吗？我曾为书橱里的那个丑娃写过《我的朋友阿希松先生》，为那个挂在玻璃门上的灰老鼠写过《易拉罐里的老鼠》，为那个布老虎写过《阿斑虎和画里的窗》……

记得我还有过一个有着漂亮鬃毛的雄狮，这可是一头威武的狮子。棕色狮子有着满头蓬起的鬃毛，它细长的尾巴尖尖上，还有一撮长长的毛。我敢说，世界上再也没有比这更漂亮、更威武的玩具狮子了，它是用柔软的长毛绒制成的。

我每天看着这头狮子，你知道我为它写了多少作品吗？我说给你们听听——

《狮子和老做不醒的梦》《害怕造句的狮子》《狮子座的兔子和山羊座的狮子》《一只不会哭不会笑的狮子》《头上挂枣的狮子》……

对不起，篇幅有限，我不得不省去一些。

这么一头威武可爱的狮子，竟然不幸落入狗嘴，被一只乳臭未干的小狗给"吃"掉了。

儿子从他叔叔家领养了一只小狗，叫黑黑，这是个挺可爱的小家伙，出生才三个月。可就是这个小东西，可能正在长牙，有一天，它偷偷地把棕色小狮子叼到沙发底下，在那里又咬又撕又啃，大发狗威。没多久，这头不幸的狮子就被弄成了一堆碎布条、破棉絮……

当我目睹这副惨状，别提有多伤心了。

　　这只小狗由于有太多的"劣迹"，已经被"遣送还乡"，尽管我们全家有时还会那么思念它。

　　我把它的照片放在我的书橱里，你们能想象就是这么一只可爱的小狗，竟然是谋害我的好朋友的"凶手"吗？

　　小读者们请别担心，我不会从此再也写不出有关狮子的童话，不会的——

　　棕色小狮子，你永远留在我的心里。

　　我和我的小动物玩具们相处得挺够哥们儿，我把它们保护得挺好（那头被狗干掉的狮子是个不幸的例外）。

　　可惜的是，再过不久我会搬家，我将失去这间温馨可爱的屋子。一想到这间屋子将易主，我心里就很难受，就像国王的城堡将被别人占领似的。

　　好在我的动物玩具们还在，我将率领它们出征，去占领新的城堡。我的这些朋友们还将跟随我，它们会继续给我提供很多童话的想象。

秋天的故事是迷人的

秋风婆婆喜欢讲故事。

当她飞过山野的时候，枫树、乌桕树、槭树，都摇晃着每片叶子，出神地听啊，听啊，乐得涨红了脸。

于是，在绿色的树丛里，有了一棵棵叶红如火的树。树上的每片叶子里，都藏着一个秋风婆婆讲的故事——秋天的故事。

秋天的故事，是色彩斑斓的故事。
秋天的故事，是令人陶醉的故事。

几片飘落的红叶

几片飘落的红叶。

飘落在山间的台阶上。

秋风阵阵吹来，红叶在台阶上窃窃私语。他们还随秋风姑姑的歌，跳着快乐的舞步。

小红叶们，一步步地往台阶下面跳。

台阶妈妈着急了，她说："别再往下跳了，下面是小溪，掉进小溪可危险了。"

小红叶们哈哈笑了，他们七嘴八舌地说："这正是我们向往的，我们要变成一只只红色的小船，让小溪姐姐带我们去旅行呢！"

是的，小红叶该去旅行了。

秋天的山野是最美丽的。

但　愿

森林要被砍伐了。

森林里的青松、白桦、红杉树都在沉思。

他们中间，有的会被运去做家具，有的要去架桥，有的要去做铁路上的枕木，有的要被当作柴火烧……

有一棵还没长大的小白桦树，他在想些什么呢？

小白桦在想："但愿我被送去做木浆，然后做成纸张。但愿我被送到一位孩子的手里，让他用褐色和绿色的蜡笔，在我的身上作画。"

小白桦轻轻叹一口气说："但愿小朋友画的是一棵又高又大的，能碰上白云的，上面还有小鸟做窝的白桦树。"

一棵实实在在的树

带上足够的颜料。

背上草绿色的画夹，我要去树林写生。

没有比在树林里写生能带给我更多的宁静、专注和愉悦了。

梧桐树下的画架

我在树林里，在开着杂色小花的草地上随意走走看看，不远处一棵有着浓荫的大栎树吸引了我。我喜欢这棵大树，这是一棵非常壮硕、美丽的大树，它的每片树叶都在和风中晃动着，仿佛在和我亲切地打着招呼，我们有一种一见如故、互相倾心的感觉。

栎树如此之高，如此之大。

它如此自然地站立在草地上，如此随意地向着四周，向着蓝天，舒展自己的枝和叶，涂抹着它那醉人的绿色。

我要把这棵栎树的枝干，把它的色彩，把它不加修饰却又仿佛精心安排的美，显现在我的画布上。

我看了一下四周，把画架安放在一棵年轻的梧桐树下，让这棵姿势很美的小树帮我遮挡阳光，为我送来凉爽和惬意。

多挤一点儿绿色

当我打开一管管颜料，准备把它们挤在调色板上时，一只灰色的小鹈鸟飞来了，她飞落在离我不远处的一棵枫树上。小鹈鸟啄啄自己的羽毛，带有几分羞涩地说："请多挤一点儿绿色，拜托你画好每一丛绿叶，你喜欢它们吗？"

"喜欢，当然喜欢！"我一面挤上一堆绿色的颜料一面说。

"我很高兴，不过你未必真正了解这些可爱的绿叶。它们真心诚意地为我们遮风挡雨，保护每一个鸟巢和每一只小鸟，它们还和我们聊天，听我们唱好听的歌。它们每时每刻都在为大树制造养料，帮助大树呼吸。它们是大树，是树林，也是大地的绿肺；它们是可爱的，每一片绿叶都有自己的生命，虽然它们的生命很短暂。我们去年认识的绿叶朋友，如今都已经凋零了，我们怀念它们；今年，我们又有了许多新的绿叶朋友，它们以自己短暂的生命，又为大树带来一片绿意，让大树活得更健康，更久长……"

小松鼠的拜托

"拜托了！"正当我聚精会神地听着小鹈鸟讲述的时候，一只棕色的小松鼠来到了我跟前。"先生，真的拜托了。"可爱的小松鼠合掌向我致意，"请务必重视这些枝条，它们真让我感动。树枝是大树的血管、经络，是大树通向蓝天的筑路工。它们在蓝天里筑起大街小巷，带领着千万片绿叶，组成一个美丽而宽大的树冠。春天、夏天，树枝给蓝天以绿色的渲染；秋天、冬天，它们以疏密有致的线条，描绘天空的壮丽……我们每天都在这大街小巷奔走，我们知道树枝的辛苦。气候恶劣时它们时而在狂风中摆动，时而在暴雨中挣扎；天气晴朗时，它们为每片绿叶争得足够的阳光和空间……"

年轻梧桐的赞美

这时，我觉得有谁在轻轻拍我的肩膀，回头一看，原来是身后的那棵年轻的梧桐树要和我说话："朋友，请以虔诚的笔触，画这大树的树干吧！你瞧这粗糙而壮实的树干，那是沧桑，那是磨炼。在树干里藏着的是一圈圈的年轮，这年轮记录着岁月的消逝、大地的故事，记录的是栉风沐雨的古老歌谣……那粗粝的树干，不仅是大树的支柱，也是我的精神支柱和理想追求！"

树底下的寂静世界

"听说有画家在这儿写生，是吗？"突然从我脚下传来一个轻微的声音。低头一瞧，原来从我脚边的泥洞里，钻出一个土拨鼠的脑袋："我是一只卑微的土拨鼠，整天生活在漆黑的地底下。我请您在画画时，别忘了大树埋藏在地底下的根，要说树枝是大树通往蓝天的大街小巷的话，根须就是大树通往地底下的网络。多少条粗大或细小的根和须，提供大树必要的水和养分；多少条根和须不断地在地底下伸展和盘曲，它们紧紧抓住泥土，为的是让大树更挺直地站立，更顽强地生长……由于长期生活在阴暗的地底下，我的视力很差，几近盲者，但从根须默默无闻的奉献中，我能想象出大树的雄伟耸立，要是有人在欣赏大树的伟岸时，想到树底下这个寂静的世界，我想这些无怨无悔的根须会感到欣慰的……"

一棵充满爱、奉献和谐美的大树

不知从什么时候开始，我的画笔已经牵引着各色颜料，在画布上游走了。我是如此饱含激情地画着眼前的这幅画，每根线条，每簇颜料，我都十分用心。

那粗壮的树干；那错落有致的枝条——有的显现在阳光下，有的隐藏在树叶背后；那裸露在地面上，却牵引着你的目光深入地下的树根；那一丛丛饱含着根的辛劳、树干和树枝关爱的绿意盎然的树叶，都渐渐显现在画布上了……

这是一棵充满爱、奉献和谐美的大树，
——是一棵实实在在的树。

谁先绿的

几天前还是黄褐色的草坪，一场春雨过后，竟是绿油油的一片了。

我蹲下身子，和小草说话。

小草们高兴极了，争先恐后地和我打招呼——

一棵叶子狭长的小草说："你知道吗？是我先绿的，当春天的阳光刚一照在我身上的时候，我就变成绿色的了。"

一棵长着椭圆形叶子的小草说："你知道吗？是我先绿的，当春雨飘洒到我身上的时候，我就变成绿色的了。"

一棵有着尖尖叶子的小草说："你知道吗？是我先绿的，当春风吹拂我的时候，我就变成绿色的了。"…………

我望着这块绿色的草坪，我对着成千上万棵小草说："当春风、春雨、春天的阳光一起到来的时候，我的心也是绿的了，我们是一起绿的……"

唱歌的雏菊

草地上开出了一朵小雏菊。

蓝色的小雏菊是那样小，那样不起眼，无论小兔、小鹿、小狐狸走过，谁也不会瞧上一眼。

可是，小雏菊却生活得很高兴，她每时每刻都欢乐地摇晃着、歌唱着。

一只美丽的小蝴蝶，飞过牵牛花，她对雏菊说："小不点儿，你高兴什么呢？你一天到晚地唱着，唱些什么呢？你不觉得生活太单调乏味了吗？"

小雏菊眨巴眨巴眼睛，她多么像草原上一颗小小的闪烁的星星，她用歌声来回答小蝴蝶的问话：

我快活，我歌唱，
照耀我的是阳光——温暖舒畅，
滋润我的是露珠——晶莹闪亮，
抚育我的是泥土——松软芬芳，
关怀我的是落叶——富有营养，

我的花朵虽小，我的天地却很广，因为有那么多的伙伴爱我——落叶、泥土、露珠、阳光……

听了雏菊的话，小蝴蝶也高兴起来，觉得生活真快乐，到处是友谊、关怀和阳光。

啊，牵牛花

牵牛花，拉着细细长长的藤，爬满了竹篱笆。她给篱笆、给小院，带来一片片绿绿的凉意。

她开着五彩的花，让小院、让田野显得美丽。

大黄牛走过篱笆。牵牛藤朝他开心地扬扬绿色的手臂。

大黄牛高兴地说："牵牛花，你是想来牵牵我大黄牛吗？"

牵牛花笑了，她摇摇绿色的叶子说："你瞧，你瞧，你瞧……"

大黄牛低头一瞧，牵牛花的小绿叶上，有两只小蜗牛。

啊，牵牛花，牵牛花，你牵的是两只小蜗牛……

小雨点·画家·音乐家

小雨点落下来。

沙沙地落下来，谁也没注意他。

小雨点觉得自己太平凡了。

湖里有一丛绿色的荷叶。

荷叶上有两只青蛙。

青蛙正在有趣地谈论着。

有一只青蛙说：

"你注意过没有，我真喜欢这些小雨点，他们是了不起的画家。"

"他们在水面上画了很多圆圈，一个圆圈套一个圆圈，我怎么也看不厌。"

"了不起，"小青蛙说，"小雨点真是了不起的画家。"

另一只青蛙说：

"你注意过没有，我真喜欢这些小雨点，他们是了不起的音乐家。"

"他们在荷叶上弹琴，奏出了多么动听的音乐，沙沙沙，索索索，笃笃笃，托托托……”

"我听啊，听啊，永远也听不够。"小青蛙侧耳细听了一会儿说，"小雨点真是妙极了的音乐家。"

于是，小雨点知道了，他不仅是颗非常平凡的小雨点，

——他还是个了不起的画家。

——他还是个妙极了的音乐家。

书，要用心来读

一

从小便想能一朝"坐拥书城"。

那时家中贫困，尽管自己爱读书，但藏书少得可怜，不过一肥皂箱而已。

后来进了师范学校，常有稿费可得，便热衷跑书店，新华书店、各种旧书店都去。多年下来，书便渐渐"占"满了书橱，一个、两个、三个。以后有了自己的书房，不久又书满为患，书架从书房跑进了客厅。似乎可以说是坐拥了一个小小的"书城"了。

"坐拥书城"带来阅读的乐趣，但也带来不少麻烦。一是渐藏渐多的书籍侵占了家里的许多空间；二是由于管理不善，有时因写作需要寻找一本书上的资料，于是攀上爬下，每个书橱都伸进头去逐一翻查。明明记得自己有这本书，但屋角箱底，能想到的地方都去翻了，弄得灰尘飞扬，各处求索而不可得，最后干脆再去书店买一本了事……

闲暇时，便去自己的"书城"逛逛，一本本信手翻来，随意读读，其乐无穷。有时竟然忘记了时间，迷失在"书城"里了。

二

我喜欢说"读书"，而不说"看书"。

在我看来，读书是要用心来读的，特别是那些好书。当我手执一卷的时候，便会把自己的心整个儿沉浸进去，随着作者的娓娓道来，神游于一个原来我并不熟悉的世界。我时常想起作家纪德的一句名言："读一个作家的作品不仅仅是对他所说的内容有所了解，而是与他一起出发，与他结伴旅行。"

在这种旅行中，你能获益良多。

我不仅读书，而且喜欢读画、读雕塑、读音乐、读照片，甚至读路边的一朵花，或旷野上的一棵树……

我觉得读是一种情感的交流，是一种心灵的感应。

我时常对自己说，不要把读书看作是沉重的负担，但也不要把它看作仅仅是一种消闲，一种打发时间的方法。每当在深夜或在完成工作之余，我喜欢打开一本书读上几页，这时的心情就像漫步在海滩上，随时能俯身拾到七彩的贝壳，随时能捕捉到震撼我心灵的涛声。

我有时在写作前喜欢读一些作品，读一些和我写作的内容完全无关的作品，比如读几段泰戈尔和普里什文的散文，或者是莱蒙托夫和惠特曼的诗，这些作品会激起我的创作冲动，会引导我进入一种创作状态。我会对自己说，去写吧，创作是如此的美好！我会提起笔，写一些在自己心中涌动的东西。

阅读真是一件愉快的事。也许我不是一个哲学家、一个学问家，我无须一定要去弄懂一个什么深奥的理念，我只是抱着一种开卷有益的心态去读书。

我读别人的书，然后去耕耘自己的花园。

童年阁楼上的白云

童年的故居在一条宽阔而幽静的马路上，在一条不太长，却连接着几条纵横交错的小路的弄堂里。

故居有着红红的砖墙和黑黑的瓦片，它有着窄窄而黑暗的楼梯，从灶间门口，经过亭子间、后楼、前楼，一直通往三层阁楼。

我从一岁到十二岁，就生活在这狭小的三层阁楼里。

当时家里很穷。

从住的房子就知道了，在这种被称为石库门的房子里，最有气派的是客堂间。客堂面对的是两扇大大的黑漆门，前面有着敞亮的天井。宽敞的前客堂，犹如现代居室里的客厅。再后面便是小小的卧室，那是一间被称作后客堂的暗间。

石库门房子，最舒服的是冬暖夏凉的前楼，夏日打开八扇长窗，凉风习习；冬日里，一室阳光，温暖如春。

三层阁楼和灶披间，这是最差劲的房间。灶披间阴暗潮湿，但它在底层的后部，往往被人家借去开个小铺子。我们楼的灶披间，就是开着一家小小的裁缝铺子。裁缝铺子的老板和他的徒弟们，整天低着头弯着腰，在缝制着好像永远也缝制不完的衣服。

三层阁楼呢，天地狭小且不去说它。地板还很差劲，走上去会吱咯吱咯作响，稍不小心，有水泼翻，楼下前楼姆妈便会提出抗议，水漏到他们家去了。阁楼光线很差，只在房顶上有一扇小小的老虎天窗。有时天好，便有一束阳光斜射下来，仿佛是舞台上的灯光。

我小时候，常常躲在房间的角落里，那里很低，大人无法站直，正好是我们孩子活动的天地。我那时也没有什么玩具，只是傻坐着，看着从老虎天窗里射下的一束光线中，有着千万点小灰尘，在跳着各种各样的舞。这便是我唯一的娱乐。

七八岁以前的事，我已经记不太清了。因为那时生活得很拘束、很单调，在房间里从来不敢蹦、不敢跳、不敢做什么大动作，因为前楼伯伯常常说：

"你们跳一跳，我们楼下就响声隆隆，灰尘蓬蓬了。"

只能老老实实地坐着，蜷缩在角落里。雨天，听雨点儿打在房顶上，和瓦片交谈；晴天呢，就看灰尘在阳光里跳舞。

一直到九岁那年。

我已经读二年级了，但读得很不愉快。

原因还是家里穷，学费常常不能按时交，衣服也穿得补丁摞补丁，所以老师瞧不起，总是骂我笨。老师看到有钱人家的孩子，笑嘻嘻地把他们搂在身边，用一种甜蜜蜜的声调和他们讲话。看见我呢，她用两根长长的指尖，提着我的衣服，把我拉到她身边，用一些很挖苦的话骂我、数落我。

在我们弄堂对面，是一家产科医院，我就是在那里出生的。

医院的围墙里，长着一棵高高大大的法国梧桐树，树上有着几十个乌鸦窝。

每天放学回家，那些乌鸦也欺侮我。总在我头上"哇哇哇"大叫三声。大人们说，那是要倒霉的。于是我赶紧在地上"呸、呸、呸"吐三口唾沫，据说这样才能把不吉利的乌鸦叫化解掉。可是唾沫刚一吐完，又有一只乌鸦在我头上哇哇叫了，早知道我不应该把口水都吐完，现在要吐也没有口水了，我活该要倒霉。

在学校里、家里，我都很伤心、很沮丧，整天绷着脸，沉默寡言，见谁都不爱搭理。

老师、同学和邻居，都说我是一个怪人。

那天，是星期天吧。爸爸上班去了，妈妈出门买东西。

我独自躺在我的小木板床上，仰面望着老虎天窗。

突然，我发现一朵云，总在老虎天窗外瞧着我，她一动也不动。后来，我还看见白云在向我招手，我第一次觉得有谁用这样亲切的姿势向我招呼，我心头热乎乎的，也向白云连连招手。

白云伸出两只手向我频频招呼，看来白云没法来到我身边，她在示意我向她靠拢。

顾不得楼下前楼伯伯和前楼姆妈的责怪，我把爸爸的一张小写字桌，拖到老虎天窗前。我爬上了桌子，踮起脚，把头探出窗外。

啊，那朵白云离我近了，她在笑，她在说：

"来啊，来啊，再和我靠近些！"

我再往桌子上搁了一张小凳，便使劲爬出了窗口，坐在窗沿边的屋顶上。

长那么大，我是第一次坐在屋顶上。

从高高的屋顶上看出去，天地是那么的广阔，平时看来很高的房子，此时在我眼皮底下了。我一直能看到那么远，仿佛我成了童话中的国王，一下子拥有了无比宽广的天地。

白云问我："你很开心，是吗？"

我抬头对白云说："是的，我现在真的很开心！"

白云说："你的天地会很广阔的，不要整天不快活。"

我说："我总是想我会倒霉一辈子的，因为乌鸦老在我头上叫。"

白云笑了，笑得那么可亲可爱，她说：

"乌鸦平时不总在你头顶上吗？它们不在你头上叫，难道还能在你脚底下叫吗？你看看，现在乌鸦在哪儿？"

我朝对面的那棵大梧桐树看去。

　　远远地，大梧桐树不像平时那么高大了。它显得矮了，它的树冠好像就在我的身下，那一个个乌鸦窝也看得很清楚。乌鸦们盘旋在大树边上，就像在我的眼皮底下飞。

　　白云带着几分调皮说：

　　"此刻，你不也能在它们的头上叫了吗？"

　　"啊——啊——啊——"我也使劲叫了三声。

　　乌鸦们没听到呢，还是不在乎？它们一点儿反应也没有。

　　"啊——啊——啊——"我又叫了三声，还是没有反应。我笑了，笑自己平时太可笑，我以后再也不会在乎乌鸦在我头上叫了，因为我也曾在它们的头上叫过。

　　不知为什么，我觉得那一刻我真开心，我从来没有这样开怀地叫过、笑过。我再也不为三层阁楼、为老师的责骂、为生活的种种不开心而烦恼了。

　　我为这屋顶以外的广阔天地，我为我头上的这朵亲切有趣的、好心关怀着我的白云而高兴，而自豪……

　　我在屋顶上坐了好久，白云一直陪伴着我。

　　夕阳西下，近傍晚了。

　　我赶在爸妈回来前，爬下了屋顶。

　　这是我这一辈子唯一一次爬上屋顶，是那朵神奇的白云把我吸引过去的。从此以后，我总觉得那朵白云一直飘在我的头上。当我碰到不顺心的事，碰到种种烦恼，我总会抬头望望天空，望望白云，就像我当年抬头望那朵飘在我故居阁楼上的白云一样。

于是，我的心胸便会开阔，我的脸上便浮现微笑。

我会快快活活地应付一切。

我不相信什么东西会使我倒霉，因为我也能爬到它的头上，朝它"啊——啊——啊——"地大叫三声，我能改变我的生活。

——这就是我九岁那年，故居老虎天窗外的那朵白云，给我的启示。

健冬弟弟和白脚花狸猫

那一年的夏季。

那一年台风肆虐的夏季，是我永远也难以忘怀的。

那是我在故居的小阁楼里居住的第八个年头。我有一个妹妹，后来又添了一个弟弟。

弟弟叫健冬，是在雪花飘飞的冬季降临我家的。弟弟真漂亮，白白的皮肤，晶莹的大眼睛，仿佛他本身就是一朵纯净的、洁白的、让人看不够的雪花。

弟弟的降临给已经很穷困的家庭带来了更重的负担，但也带来了欢乐，我和妹妹都非常喜爱这个弟弟。

我常常背着小弟弟在阁楼里玩，在弄堂里转。

春天到了，弟弟已经会坐在床上玩了。他没有一件玩具，他只能与床上的枕头和被褥玩。可是渐渐地，弟弟找到了一个朋友，一个有生命的朋友，那是我家养着的一只白脚花狸猫。花狸猫时常溜出家门，但只要妈妈在弄堂里"喵呜喵呜"唤一圈，花狸猫就乖乖地跟随在妈妈的身后回家了。所以妈妈常说，花狸猫比我乖，因为我出去游玩常忘记回家吃饭，妈妈有时在弄堂里找两圈，也未必能找到我。

弟弟会坐了，不久又开始学着讲话。

但天晓得，谁能知道他在说些什么。他老是一个人叽里咕噜、咿咿呀呀，讲着谁也不懂的话。那一年，我八岁，是心最野的时候，常在弄堂里玩。妹妹刚五岁，也开始她的社交活动，她和楼下的小妹妹修珠是好朋友，两人常在楼梯口做游戏、讲悄悄话。

弟弟总抱住花狸猫，叽里咕噜地说着什么。花狸猫呢，总是抬头静静地听着，有时也"喵呜喵呜"地插上几句，于是弟弟拍手大笑，猫儿也就高兴地摆动着它的脑袋，两个朋友高兴极了。

自从弟弟会讲这叽里咕噜、咿咿呀呀的话，花狸猫就很少出去了，它常陪着弟弟说话。

有一天，我躲在角落里听他们聊天。

这次是花狸猫先说话，它"喵呜喵呜"说得很起劲，那语调使我十分吃惊。因为我平时听猫叫，要不是我惹了它，比如拽它的尾巴，或扯它的耳朵，它就死命地、生气地叫；要不呢，就是看见后楼戴眼镜的阿姨回来了，它就会发出一种急着想吃到美食的那种渴求的、期盼的叫声。

而和健冬弟弟讲话的叫声，是我平时听不到的。

它叫得又柔和、又亲切，带着一种奇妙的感情色彩。别说弟弟，我听了也舒服，花狸猫从来不曾在我身边这样有趣地叫过。

春天过去了，初夏到了。

这时弟弟常生病，因为他没有得到足够的营养。妈妈生下他以后，奶水不足，他常常吃的是米汤、稀粥。什么奶粉、巧克力、肉松，穷人家的孩子别说没吃过，连看也没看见过。

弟弟生病了，全家笼罩在一片愁云下。弟弟发着高烧，鼻翼使劲地翕动着，平时他那活泼的叽里咕噜、咿咿呀呀的声音，再也听不到了。

连花狸猫也焦急地在床脚前来回地走着，有时发出几声很焦虑的叫声。每当听到它的叫声，弟弟会睁开眼来看一下，有时还会发出一丝别人很难觉察的微笑。

因为家里穷，弟弟进不了医院，连请医生看一下的钱也没有。有时爸爸会弄来一点儿蓖麻油，或者在小店里买一包名叫"鹧鸪菜"的药给弟弟吃，听别人说，这些药能治小孩的病。

每当弟弟恢复了健康，家里的愁云才会消散，我们家的天空又会显得晴朗。

记得有一天，弟弟大病以后，在妈妈的细心调理下，他又逐渐强健起来。有一天，我觉得弟弟在屋里待久了，应该让他去户外晒晒太阳，呼吸一下新鲜空气，就背着弟弟在弄堂里跑来跑去，弟弟显得很开心。我的小玩伴们都聚拢来和弟弟逗乐。看得出大伙都很爱我弟弟，他们抚摩他白净的小脸，握握他那小小的手，搔搔他可爱的小脚丫。

弟弟很高兴，他叽里咕噜、咿咿呀呀说了好多话，我的小玩伴们问我："你弟弟在说些什么？"

我说，我也不懂，我们家只有白脚花狸猫才懂弟弟的话，它是他唯一的交谈者。

那天当我玩累了，背着弟弟回家的时候，一进门，白脚花狸猫就朝我猛地扑过来，用爪子使劲抓我的裤腿，抓得嘎嘎直响，还"喵呜喵呜"乱叫。我知道花狸猫是在思念弟弟，它一定在为弟弟的失踪而焦急，它在责怪我，不打招呼就把弟弟背走了。

我很后悔，没有带花狸猫一起出门，让它为弟弟虚惊了一场。

紧接着，夏日的台风来临了。

我家阁楼的老虎天窗又发出强烈的震撼声，雨点一阵阵地打在玻璃上，发出可怕的像一阵阵脚步追赶的声音。

就在这时，弟弟又发烧了。

他的小拳头紧捏着，脸颊红彤彤的，仿佛连呼吸也很困难，后来他开始抽筋……

妈妈着急地从邻居那儿凑了点儿钱，请来了隔壁弄堂小诊所里的一位医生。

医生一来，为了让他专心治病，爸爸妈妈就把我和妹妹赶到了门外。

房门被关上了。

我和妹妹坐在门前的楼梯上，我使劲抱住怀里的花狸猫，因为花狸猫拒绝退出门外，它要留在小屋里。

花狸猫在我怀里使劲挣扎着。

我和妹妹的心情也像花狸猫一样焦急，滚烫滚烫的眼泪顺着我们的脸颊往下流……

突然，花狸猫用力咬了我一口，这是它进我们家以来从来也没有过的。我"哎哟"一声松开了手，花狸猫挣脱了我的怀抱，它跑到房门前，用爪子使劲刨门，并发出惨烈的叫声，一声，两声。我拽着它，它死也不肯离开房门。

过了很久很久，医生离开了我们家。爸妈还不准我和妹妹进房门，也不许花狸猫进去。

我们瞧着爸爸悲痛地摇着头走出门去。

我们听见妈妈在屋子里的哭声和前楼姆妈、后楼阿姨劝慰她的声音。

我和妹妹也坐在楼梯上伤心地哭着，尽管我们不知道发生了什么事。

又过了好久好久，爸爸带来一个陌生人，还带来一个大木头匣子，他们匆匆地走进屋子。过不多久，在妈妈的哭声中，爸爸和陌生人抬走了木头匣子。

不知什么时候我突然发现身边的花狸猫不见了，我不知它是什么时候不见的。

那天晚上，雨暂停了，风还没有完全停歇。

妈妈忍住悲痛出门找白脚花狸猫去了，因为她不能失去孩子，同时又失去了它，它是弟弟最要好的伙伴。

妈妈想弟弟，就会想起那只白脚花狸猫。

妈妈在弄堂里"喵呜喵呜，小猫小猫"凄厉地呼叫着，我和妹妹在阳台上探头看着，仿佛妈妈呼唤的不是花狸猫，而是我们的弟弟，我们那有着白净皮肤的、眼睛大大而闪光的弟弟。

我低头看着我的裤腿，那上面还留着被花狸猫抓出的爪痕。我抬头看看天空，乌云又在汇集，台风又开始猛烈地吹起来。

我有个预感，白脚花狸猫不会再回来了，它一定是跟随弟弟，去听他讲那叽里咕噜、咿咿呀呀的话了。它是弟弟最好的玩伴。

只有它能和弟弟在一起，讲着别人无法听懂的故事……

是的，从此以后，我再也见不到弟弟和那只白脚花狸猫了。

童年诗伴

童年时家中并无什么藏书。

父母为了开门七件事：油、盐、酱、醋、柴、米、茶，为了一家人的温饱，终日忙碌着，再加上文化程度有限，很少读书。

但家中还是有几册书的。

一本是油光纸印的《三国演义》。那是一种有人物绣像的版本，纸很薄，字极小。童年时代是无法读懂的，等到了青年时代又嫌字太小，读起来费力，找到了更好的版本来读。这本《三国演义》虽未从头至尾读过，但一直珍藏在我身边，作为对父亲的纪念。因为这本书是父亲学生时代的读物，经历了怕有大半个世纪了吧。

另一本是巴金先生的《家》，是20世纪40年代的版本，那是母亲爱读的书。到了读初中时，它又成了我的读物，读了十几遍。对巴金先生作品的热爱，就是从这本书开始的。

童年经常读的，是家中的第三本藏书：《千家诗》。

这大概是爸爸读私塾的蒙学课本，是早期的铅印本。

封面绛红色，上面印着"千家诗"三个黑色大字，书的四周用一粗一细的两道杠围着，非常简朴。

里面的每一首诗都用大号字印着，是直排本。每一首诗的后面，都有作者简介，还有注释和白话文的译写。书的排版疏密得当，读起来既醒目又舒服。

这本书也就成了我童年的诗歌开蒙读物，成了我童年的诗伴。

今天，常见一些家长给孩子们规定，一天背唐诗多少首。在公交车上，常听到家长要小孩子背唐诗。孩子们面带愁容，望着车窗外，结结巴巴地背上几首；也有家中有客来访，小孩便被牵来，摇头晃脑地背几首唐诗。可以看出，这些孩子对诗并不感兴趣，也根本没理解诗的内容，只是像唱流行歌曲一样，哼上几句，便算是即兴表演。

而当年我读《千家诗》，并无家长逼迫，也无旁人指导。

只是童年生活很寂寞，没有玩具可玩，没有电视可看，没有连环画可翻，也无什么零食可嚼，手头唯有这一本可以勉强读读的书。所以，闲来总会去翻几首诗读读，觉得这诗中有一两句还有意思的，便多读几遍，再翻翻后面的注解。下次再翻到这首诗时，便成了老朋友，还会再读一遍。慢慢地对这些诗产生了感情，甚至能背诵若干首了。

印象最深的是第一首，那是北宋诗人程颢的《春日偶成》：

云淡风轻近午天，

傍花随柳过前川。

时人不识余心乐，

将谓偷闲学少年。

这首诗写了诗人的一次春游。朴实无华而又摇曳多姿的描写，把人带到了春日融融的美好景色中。但使我感兴趣的是最后一句"偷闲学少年"，少年有什么可学的？以我当时的年龄和处境来看，当大人才是最开心的事。

由于这个疙瘩没解开，每次翻开这本诗集，我都会把这首诗读上一遍。

春天也来到了我的身边。

有一天，我去对面弄堂游玩，那里住的都是有钱人家。弄堂里都是一幢幢独立的小洋楼，我们把它们叫作公馆。

有一户人家的公馆，墙是用竹篱笆编成的。四五十年前，上海有很多地方都爱用细细的竹子做篱笆墙，涂上一层漆黑的柏油，也很好看。

阳春三月，这家公馆里的花都开了，透过篱笆墙往里望去，姹紫嫣红，很让人感到赏心悦目。

忽然，在篱笆墙的一头伸出了好几枝红色蔷薇花，那种花也叫十姐妹，十朵花挤成一团，一丛一丛的花开得火一样灿烂，把我看呆了。

我折下几枝带回家，插在玻璃瓶里。

　　小小的写字桌上，在红红的蔷薇花下，当我又一次翻开《千家诗》的时候，我的目光停留在南宋诗人叶绍翁的那首著名小诗《游园不值》上：

　　　应怜屐齿印苍苔，
　　　小扣柴扉久不开。
　　　春色满园关不住，
　　　一枝红杏出墙来。

　　我笑了，我刚才就看到了"春色满园关不住，一枝'蔷薇'出墙来"的景象，那枝出墙的蔷薇被我折来插在小玻璃瓶里了。

　　一夜风雨，当我又来到这家公馆前，看见出墙的蔷薇花被风雨吹打着零落凋谢，花瓣满地，不禁使我想起前不久读过的：

　　　春眠不觉晓，
　　　处处闻啼鸟。
　　　夜来风雨声，
　　　花落知多少。

　　家搬到农村以后，我又对《千家诗》中描写农家生活的诗发生了浓厚的兴趣。

　　我曾和房东家的儿子小弟，一起跟房东阿妈学过种南瓜秧和茄子秧。房东家的西房里，放着一架老式织布机，房东的女儿经常织布到深夜，啪嗒啪嗒的织布声常常伴我入梦。再读范成大的《田家》，对诗中所描写的农家生活便觉得特别亲切：

　　　昼出耘田夜绩麻，
　　　村庄儿女各当家。
　　　童孙未解供耕织，
　　　也傍桑阴学种瓜。

　　春耕大忙季节过后，迎来了江南黄梅时节。农舍前种着的玉米、茄子被雨点打得乱颤。入夜还传来雨声淅沥，后窗外的池塘里更是蛙噪一片。我在床上忽然想起白天读的诗句：

　　　黄梅时节家家雨。
　　　青草池塘处处蛙。
　　　有约不来过夜半，
　　　闲敲棋子落灯花。

　　虽然我没有约了棋友来下棋，但对前面两句描写的"家家雨""处处蛙"觉得太神了，那简直就是我身边的事。

　　我家住的农舍后面紧挨着一片池塘，池塘边上长满芦苇。晴天月光下，窗前常摇曳着一枝枝芦苇的影子，很是好看。我常常会躺在床上看老半天。它使我想起苏轼的《花影》：

　　　重重叠叠上瑶台，
　　　几度呼童扫不开。
　　　刚被太阳收拾去，
　　　却教明月送将来。

　　读到"几度呼童扫不开"，我笑了，我笑诗人的天真和傻得可爱，我被这首诗童话般的有趣描写所打动。当然，若干年以后，当我知道这首诗还有一层深刻的讽喻意味，反映了诗人反对王安石变法的保守政治态度，那又是另外一回事了。我觉得孩子可以有孩子对诗的一种理解，哪怕那种理解是很天真烂漫的，甚至是可笑的。

　　在农村的小溪、小河边，常见有小木船横在那里。读了韦应物的《滁州西涧》，我才知道，诗有时也可以用来画画的：

　　　独怜幽草涧边生，
　　　上有黄鹂深树鸣。
　　　春潮带雨晚来急，
　　　野渡无人舟自横。

　　我很爱最后一句，平时见惯了的场面，被诗人这么淡淡的一笔，描绘成多么美丽的图画……

　　多少年过去了。经过几次搬家，我的那册《千家诗》早已不复存在，但它留在了我的脑海里。那些诗句，那些充满诗情的美丽画面，夹杂着对童年生活的回忆，常常浮现在我的眼前。

　　后来，出于对童年的怀念，我又买过一册《千家诗》，但已读不出我童年时的那种意味。我还是怀念我童年常读的那册有着绛红色封面的、直排的、纸质已发黄的《千家诗》。它在城市、在农村陪伴我度过寂寞的，但富有诗意的童年。它让我知道一个极简单而又很深奥的道理：诗是生活的提炼，而生活中到处蕴藏着诗。

　　我感谢我童年的诗伴——《千家诗》。

我拥有的第一个星空

城市里有天空，但没有星空——

这是童年时我家搬到农村以后，我这个城市孩子的感受。

城市里的天空被高高大大的楼房切割得支离破碎，城市里的天空被大小烟囱冒出的黑黑白白的烟弄得混混沌沌，城市里的天空被各种灯光映照得花里胡哨……

城里的天空是浮躁不安的。

搬到农村后，夏日的一个夜晚，我们一家人吃完饭，坐在门前的田埂边。房东阿妈也陪我们坐着，她手里拿着一把大蒲扇，不断地用它扑打腿部，防止蚊虫的叮咬。

我抬头望着夜空——

哦，多美的星空。我从来没有见过这么美丽的星空。

田野是黝黑的，天空也是漆黑漆黑的，因为周边没有一丝灯光的干扰，星星便显示出它们独特的光芒。

整个夜空是暗而明的。

星星在夜空里组成各种美丽的图案，闪烁着明明灭灭的光亮，它们离我们那么远，又仿佛那么近。

房东阿妈用蒲扇指着星星，开始给我和妹妹讲述星星的故事——

那是大熊座。

那是狮子座。

那是天狼星。

那是北斗七星。

那是织女星和牛郎星……

阿妈指着天上一道白晃晃的"河"说：这就是把牛郎和织女隔在两岸的银河。

哦，璀璨的银河，那是一条多么浩瀚的星星的河流。

拉着房东阿妈的手，我们请她细细讲述牛郎织女的故事，讲述牛郎织女鹊桥相会的故事。

听完阿妈的讲述，我抬头望着星空——

我特别动情于牛郎挑的那根扁担，扁担的两头各是一颗明亮的星星。我知道那儿悬着两个箩筐，箩筐里坐着牛郎和织女深爱着的一对儿女。

那两个孩子的眼睛，我想也应该是四颗星，只是离我们太远了，看不清，那点点星光里，一定会有孩子盼望母亲的泪光在闪烁……

从此，牛郎织女的故事深深地印在我们的心坎里了。

房东阿妈还讲了许多其他星星的故事。我仰望着满天的星斗，没想到这数不清的星星汇成的夜空中，会藏有数不清的故事。

　　农村的夜晚真静，只有小虫的低吟，青蛙的鸣叫，还有的就是房东阿妈大蒲扇的扑打声。

　　我们看不清房东阿妈的脸，看不清她讲故事的神情，但从她平静的声调中，我听出了喜怒哀乐，听出了悲欢离合。

　　几十年过去了，我忘不了那个有星星的夜晚。我曾拥有过那么璀璨的星空，这是我有生以来，拥有的第一个星空……

　　以后，回到了城市里，我再也找不到这样的星空了。我曾无数次地站在城市高楼的阳台上凝视夜空，按理说，在这高高的阳台上离星空更近了，但给我的感觉是更远了。看到的只是夜空而已，再也看不见我童年所拥有的，那个美丽而充满幻想的星空。

　　有时，我只是在阅读一些诗文时，会唤来一点童年的感觉。比如，读臧克家先生的诗——《星星》：

我爱听，
人家把星，
叫作星星。

夜空是另一个世界，
星星是它的子民，
谁也不排挤谁，

彼此密密地挨近。
它们是那么渺小，
渺小得没有名字，
它们用自己的光圈，
告诉自己的存在。

扬起脸来，
向着那白茫茫的星河，
一、二、三，你数，
呵，它们是那么多，那么多……

臧克家先生的诗把我又带回到童年的那个星空下。

我想告诉臧克家先生的是，那些星星在我房东阿妈的嘴里，不仅有名字，而且还有着许多有趣的故事呢。

有一次，当我无意间读到巴金先生的散文《繁星》时，那深情的叙述也让我回到了童年的星空下：

如今在海上，每晚和繁星相对，我把它们认得很熟了。我躺在舱面上，仰望天空，深蓝色的天空里悬着无数半明半昧的星。船在动，星也在动，它们是这样低，真是摇摇欲坠呢！渐渐地我的眼睛模糊了，我好像看见无数萤火虫在我的周围飞舞。海上的夜是柔和的，是静寂的，是梦幻的。我望着那许多认识的星，我仿佛看见它们在对我眨眼，我仿佛听见它们在小声说话。这时我忘记了一切。在星的怀抱中我微笑着，我沉睡着。我觉得自己是一个小孩子，现在睡在母亲的怀里了。

　　读着这段描写，我把这海上的星空和我童年时田野上的星空融合在一起。我不仅感到回到了母亲的身边，而且是坐在手拿大蒲扇的房东阿妈跟前……

　　20世纪90年代初的一个夜晚，一个偶然的机会，我又找回了四十年前的星空。

　　那是我和同事们一起去上海长兴岛农场欢度"柑橘节"。金秋十月，正如诗人苏东坡所描写的："一年好景君须记，最是橙黄橘绿时。"我们来到岛上，恰好是橙黄橘绿的时节，我们住在农场的招待所里。

　　那是一个秋高气爽的夜晚，我们走出招待所，来到农场门前的田野里。

　　空气中弥漫着阵阵橘香。

　　我们中的一位女作家，她抬头一瞧，不禁惊叫起来："啊，多么美好的星空！"

　　我抬头一望，刹那，我找回了那在童年时代就失落的星空。

　　真的，这是一个多么好的星空。

　　我们当时谁也不想多说话，大家默默地凝视着满天灿烂的星斗。

　　我看着这一颗颗数也数不清的星星，就像在人流中寻找失散已久的朋友，我轻轻地说着："久违了，久违了……"

　　这些星星的有趣故事，又一次从我的心灵深处涌了出来。

　　有人开始轻声朗诵起臧克家先生的那首诗来：

　　我爱听，

　　人家把星，

　　叫作星星。

　　夜空是另一个世界，

　　星星是它的子民，

　　……

　　我抬头贪婪地瞧着，这就是我当年在农舍前的那个星空——

　　她依然那么灿烂，那么温馨，远而近，暗而明；她依然让人产生着各种美好的想象，让人回忆起那一个个令人回味无穷的故事……

猫的微笑和五彩的世界

作为一名报纸的编辑和记者，我离不开电视机。我每天从电视机的早间新闻和晚间新闻里了解国内外发生的大事。

世界真奇妙，有些发生在千里万里外的重大事件，你在家中会在同一天，甚至同一时刻就知道了。

每天收看电视，已成了我的职业习惯。

但是作为一个教育工作者和家长，我有时又非常讨厌电视机。

电视机这个怪物，它吞噬了少年朋友们多少宝贵时间，使他们远离铅字读物，远离各种有意义的社会活动。在沙发上，在电视机前，消耗大量的课外活动时间，消耗了他们的节假日。

电视、零食再加上一动不动地坐在电视机屏幕前，造就了一批为数不少的小胖子；蜷缩在沙发里，眼睛一动不动地盯住屏幕，造就了一批不爱动脑筋，动手能力差，社会适应能力低的小傻瓜……

也许我太危言耸听了。

但这不是我一个人的看法。最近在读台湾作家桂文亚女士一篇介绍童话创作的文章，文章中引用了一群童话小矮人唱的歌，这歌说得比我还夸张，但我觉得它说得很生动形象，也很有道理，我摘抄如下：

与孩子们有关的最重要的一件事，
就是永远、永远、永远不可以
让他们走近电视机，
最好就是，根本没有设置那个傻玩意儿。
如今随便走进哪一座屋子，
都看见小朋友目瞪口呆地在看电视：
他们躺着靠着坐着看个没完没了，
直到眼珠都掉落。
(上星期我们在一户人家，
看到地下眼珠足足有一打。)

小矮人还在歌中历数电视机的"罪状"——

它腐蚀脑袋！它把想象力杀掉！
它堵塞人的思想，它扰乱人的心！
它使小朋友变蠢：
这样小朋友再也不能理解
幻想和童话世界！

　　所以，在一些发达的国家和地区，教育工作者和家长们一起喊出"埋葬电视机"，这也是不无道理的。

　　我想，电视机应该是好东西，是先进科学所赐。但要利用适度，不能让电视机、影音光碟、电子游戏来控制我们的生活，来霸占我们的童年。

　　童年，或者青少年时代，是黄金时代。童年生活应该是斑斓多彩的，应该是和整个社会的生活紧密地结合在一起的，不要也不应该用电视机把自己禁锢起来。

　　回忆我们的童年生活，物质生活很匮乏，但精神生活还是充裕和丰富的。我的童年和青少年时代是在20世纪50年代，那时我国的经济还比较落后，人们的生活水平都还很低，再加上三年困难时期，物质生活可以说是很艰苦的。吃的、穿的、住的，远远不能和今天相比。

　　但当时的我们，都能把自己的精神生活调剂得很好。我们的生活还是愉快的、充实的、富有追求的。今天，常在我们青少年中流传的那句话"真没劲"，我们那时很少听到。

　　那时我们的家，贫穷而狭小。但我们可以走出家门，走出弄堂，可以去参加社会上的众多活动，获得精神上的享受。

　　记得当时我最感兴趣的是看画展、听音乐会和参加图书馆举办的作家报告会。看画展和听作家报告会，大都是不花钱的。听音乐会虽说要买票，但买后座的票非常便宜，一两毛钱的事，花得起。交通费是没有的，靠自己两条腿走，用当时的俏皮话说是"乘 11 路电车"。

我小时候对上海各条马路的了解，比今天的同龄的小朋友要熟悉得多，因为常走路。不像今天的孩子，一出门就"打的"，就乘中巴、公交车，一离家门远了就会迷路。

我很喜爱画展，不管是国画展还是西洋画展，不管是画家的个人画展还是群体画展，都会吸引我前往，看得流连忘返。

说实在的，有些画未必看得懂，但我能感受到那种艺术氛围。当我看到一两幅自己喜爱的、赏心悦目的，或者是震撼心灵的画，我会一连去看上好几次。

印象最深的画展有两个，一个是齐白石画展，一个是 19 世纪俄罗斯风景画展。

齐白石画展是在白石老人去世后不久举办的，地点在南京西路的美术馆。当时的美术馆是一家酒楼改建的，楼上楼下共有六七个展厅，白石老人的作品多得无法计数，把展厅挤得满满的。人们能从老人的早期作品一直到老人的最后一幅作品，看到这位大师从一个民间木匠成为艺术大师的整个过程。很多作品强烈地感染了我，那些山水、人物、花鸟、虫鱼，那些呼之欲出的虾、鱼、蟹、蛙，包括一只只动感十足的小蝌蚪，都那么传神。那些巧妙的构思、机智的处理手法，让我终生难忘。

画展上还陈列着老人的画案，我在这张巨大的画案前久久伫立，那种敬仰、那种崇拜之情是无法用言语表达的。

这个画展我一连看了三四次之多，每次回家都累得站立不直，但内心装得满满的。以后，我曾在各种画册和画报上，重睹这些作品。我很自豪，因为我曾几次去看了这些作品的原作，我们是"故旧重逢"。

另一次震撼我心灵的画展，是19世纪俄罗斯风景画展。那是在20世纪50年代的后期，在当时的中苏友好大厦的西厅举办的。这是一次非常难得的画展，集中了19世纪俄罗斯风景画的精粹，都是一些艺术瑰宝。大厅装了热水汀，这在当时的上海还是少见的，目的是保持大厅一定的温度和湿度。

在这个展览会上，我第一次见到了俄罗斯风景画大师希什金、列维坦、库因芝和艾瓦佐夫斯基等人的作品。

我被这些大师作品中的艺术魅力所震撼。我第一次知道，用几支画笔、用一些普通的油画颜料，可以在大自然中捕捉到如此奇妙的美。画家通过自己的心灵，自己的眼睛和手，可以把如此美丽的色彩，如此巧妙的构图，如此深刻的内涵，呈现在每个观众眼前。

我特别喜爱希什金和列维坦描绘森林的作品。这两位大师不仅作品精妙，而且画的名字也富有诗意。翻开他们作品的目录，你可以读到这样的一些名字：《橡树林中的草地》《水磨坊边的小屋》《伏尔加清风》《薄暮月初升》

《森林长堤》……

　　这里的每一幅画名都是一首诗，它们引导我走进画面。然后，又引导我看到许多画面上并未直接展示的东西，让我的思绪飞得很远。

　　一幅名为《冷杉》的风景画，画面上三四个孤独的树墩，让我想起一个个忧郁的故事；而名为《黄昏》的那幅作品，画面中有个金色的小池塘，让我凝视很久，很久。小池塘仿佛是充满忧愁的眼睛……

　　在举办画展的那些日子里，我几乎每天放学后都去看，有几幅画我是必看的。

　　一幅是库因芝的《乌克兰的傍晚》，这幅画画面宏大，那白色而孤独的农舍、苍郁的树林、浓烈的田园气息和落日的奇妙色彩，紧紧抓住了我的心。我仿佛走进了画中的小路和农舍，徜徉在乌克兰傍晚的田野上，听着忧郁的手风琴，在暮色沉沉中奏着一支伤感的歌。

　　还有几幅是画大海的作品。

　　有的是月夜安静的大海，有的是海鸥飞翔的恬适的大海，有的是狂风呼叫、怒涛撞击礁石的大海……

　　这次画展让我懂得了什么叫艺术创造，什么叫艺术震撼力，什么叫丰富的想象力。

　　多年以后，当我读到毕加索的一句名言："我不是画猫的本身，我是画它的微笑。"这让我对艺术有了深一层的理解。画猫的本身是比较简单的，而要画猫的微笑，这需要创造力和想象力。

而我们所见的 19 世纪俄罗斯风景画，画家们不仅画森林和海洋，更重要的是画家通过作品揭示了他们的内心世界，展示了比森林、比海洋更多的东西，而这些东西才是真正震撼我心灵的。

另外，我那时还喜欢听音乐会。我聆听过俄国音乐家格林卡逝世一百周年的音乐会，对歌剧《鲁斯兰与柳德米拉》序曲，我当时尚无法听懂，但对格林卡的许多歌曲，我听得很入神。因为说明书上印有这些歌曲的词，那是一首首非常美丽而抒情的诗。音乐会最后的大合唱《伊凡苏萨宁》中的《光荣颂》，气势磅礴的歌声让人留有深刻的印象。整个音乐会给我以音乐和诗的熏陶。

我还常去听作家的报告会，那时候一些图书馆和群众团体常举行报告会。我听过一位诗人做的有关艾青诗歌的报告会，也听过评论家做的峻青小说的评析会，还有介绍俄国作家托尔斯泰、陀思妥耶夫斯基、萨尔蒂科夫－谢德林、契诃夫等的讲座。是这些报告会为我这个年少而贫穷无知的"阿里巴巴"，打开了文学宝库的大门，引导着我一步步进入文学的殿堂。

20 世纪 50 年代的物质贫困，并没有给我留下多少缺憾，而给了我精神上的滋养，却让我一直难忘。

所以在物质生活大大丰富的今天，在电视机、电子游戏机普及的今天，我想告诉少年朋友们的是：千万不要把宝贵的时间都花费在电视屏幕前，到社会上去，去参加各种有利于自己健康发展的活动，在画展、音乐会、图书馆、博物馆、体育馆……留下你的足迹。那是个神奇的海，当你在那里学会游泳，就能终身受用不尽。

我想把文章开始时引用的，童话小矮人唱的那首歌的最后部分改一下：

别让电视机
腐蚀脑袋，把想象力杀掉！
别让它堵塞人的思想、扰乱人的心，
使小朋友变蠢；

小朋友们去参加各种有意义的活动——
去读书、去踢球、去看展览会、
去听音乐会，
去博物馆和古人交谈，
去郊外和大自然拥抱……
去享受这五彩缤纷的世界，
让我们的身心更健康，
让我们的头脑变得更聪明、
更富想象力！

妈妈给我的歌谣

爸爸妈妈离开我十多年了，只是每隔几年，才能去远在浙江诸暨的农村看望他们。他们长眠在一片田园中间，面朝着一片群山，背后是一个古老的村落。

父母的大半生都生活在烦嚣的城市里。现在，他们在这片远离都市、风景如画的田野上长眠，时时有小鸟和鸣虫为他们唱着好听的歌。

每次来扫墓的时候，我都会独自静静地坐在父母身边，和他们一起倾听这天籁之歌。

这时候，我会轻轻地说："爸爸妈妈，我又陪伴在你们身边了……"

妈妈是一位贤惠的北方妇女，从小生活在农村。虽说妈妈出身于书香门第，但由于家庭的破落，从小只读了三年书，二十岁远嫁到上海，成了父亲的终身伴侣。

妈妈虽说文化水平很低，但靠着三年私塾的底子，能阅读书籍。小时候妈妈常给我讲《聊斋》中的故事，讲得绘声绘色。在时隔五六十年的今天，我依然能回忆起那些故事里的细节。

妈妈常在干了一天活后，在夜深人静时，给我讲故事。她那充满感情、不徐不疾的声调，如今还回响在我的耳旁。

特别难忘的是小时候母亲教我的那些儿歌，那些流传在北方农村的音韵谐美、活泼有趣的儿歌，如："小老鼠/上灯台/偷油吃/下不来/叫妈抱/妈不睬/骨碌骨碌滚下来。"还有妈妈和我一起做游戏时唱的："拉箩箩/看箩箩/收了麦子蒸馍馍/蒸个黑的/放进盆里/蒸个白的/搂进怀里。"妈妈唱到最后一句时，总是把我紧紧搂在怀里。

妈妈还会给我们讲一些民间故事和童话，这些故事有些语言反复、回旋，同样有着一种歌谣的美。

妈妈一共生了九个孩子，每个孩子小的时候妈妈都会把这些歌谣唱一遍。我一次又一次地听着这些音韵铿锵、情意绵绵的歌谣。这歌谣给了我母爱，也给了我最初对诗、对韵律的爱好。我以后从事文学创作，为孩子们写诗、写童话，正是母亲在儿时用歌谣哺育了我，引导了我，启示了我。

记得我发表的第一首作品就是儿歌。那是在1958年的春天，正是兴起全民围剿"四害"运动的时候，当时以为麻雀是吃粮食的害鸟，殊不知麻雀还吃害虫，有益于庄稼呢！

那时我在师范学校读高一，学校里也开展打麻雀的群众战。那时整个城市都敲打着各种器具，用竹竿不停地轰赶，麻雀连个落脚的地方都没有。我走在校园里，就有一只麻雀被喧叫声吓破了胆，从空中掉了下来，正掉在我的头上。我手拿着还暖烘烘的但已昏死过去的小麻雀又惊喜又冷悯，不知怎的，我突然想起小时候妈妈教我唱的那首《小老鼠》的儿歌，于是我回家写下了一首《赶麻雀》的儿歌，那首儿歌是这样写的：

小麻雀／两脚矮／出门去／回不来／前面叫／
后面喊／小麻雀／吓破胆／骨碌骨碌滚下来。

这是我的处女作，发表在《解放日报》上，还被收录进1958年的《上海民歌选》。后来我又写下了许多儿歌，陆陆续续地发表在《新民晚报》《文汇报》《青年报》等报上，我开始走上儿童文学创作的道路。我为少年儿童写下了很多儿歌、儿童诗，以后还从事了童话创作。

在我开始创作童话的时候，我没有丢下我的诗歌爱好，我把诗、散文和童话糅合在一起，写一种短短小小的、像巴掌一般大的童话，我把它叫作"小巴掌童话"。

在我的一本"小巴掌童话"集子前，写着这样一段题记：

让我这短小的童话／像一个个小的巴掌／和你们
的小手握在一起／变得温暖而有力量……
——写给一群孩子

有位评论家说我的"小巴掌童话"有一种歌谣的风格，他们把它叫作具有歌谣风格的童话。

我知道，母亲当年哺育我的儿歌，影响着我一辈子的创作。 我感谢母亲！

阳台上的玉蜀黍

　　故居的小三层阁虽说是狭小的，可是在这小三层阁外面，却有一个阳台，有一个在九岁小孩看来，颇为宽敞的阳台。

　　阳台是供整幢楼的人家晒衣服用的。

　　可是，人们宁愿把衣服晒在弄堂里、天井里，或自家的窗外，而不愿意爬很暗很陡的楼梯，登上这三层楼的阳台。

　　于是，阳台成了孩子们做游戏的好场所。

　　那一年，我和前楼的小我两岁的女孩修琳，在阳台上找到一个旧花盆，旧花盆里还盛着干巴巴的泥土。我们把泥盆搬到阳台的水泥栏杆边上，我们想找一些花的种子来种上，用鲜花和绿叶，来装扮这灰色的阳台。可是我们找来找去找不到花籽儿，我却在家里寻找出一颗黄澄澄的玉米粒，这是不知什么时候爆玉米花时漏下的。

　　我和修琳把玉米粒种在花盆的泥土里。

　　修琳每天都给花盆浇水。

　　可是，没等玉米发芽，花盆里却长出不少杂草，我小心地把杂草锄去。

我和修琳忙碌着，等待着玉米秧的出现。

终于，在一个略带寒意的早晨，我们在阳台的花盆里，等到了那位久盼的小客人——玉米秧。

小小的，略带黄色的小绿秧出土了，它钻出了细小的脑袋，惊奇地瞧着我们。我和修琳都看到，小玉米秧给了我们一个非常天真而有趣的微笑。

从此，我们来到阳台上的次数更多了。

小玉米秧几乎一天一个样子，它在慢慢长高、长大，它的细细长长的秆子，慢慢地变粗了，它的窄窄的叶子也渐渐变阔、变长了。

当玉米秧长到筷子那么粗细的时候，我们发现了一个奇怪的现象，它长着长着身子就歪了，歪向右边，它仿佛伸出头去看看右边有什么新鲜事似的。

我和修琳一起，把花盆转个向，想让它往直里长，小玉米秧慢慢长直了。过不多久，我们又发现它往右边倾斜了，越斜越厉害，我们不得不把花盆再转个方向。

这样的事，一连发生了好几次，玉米秧已经长得两尺来高，身子也有大人的手指头那么粗。

有一天，我们终于发现玉米秧往右长的秘密。

原来，阳台栏杆上的水泥柱子，挡住了玉米的半边身子，玉米使劲往右长，是为了伸出头来，看看对面人家那扇窗户。

是这样吗？

我和修琳想，一定是这样。

因为有一天，我们发现对面前楼里，有一位老太太正用一架小小的望远镜，在看我们阳台上的这盆玉米秧。

我们的玉米秧呢，也探出脑袋不住地抖动着，它在调皮地和老太太打招呼呢！

自从发现这个秘密后，我们把玉米秧和花盆往右移了一点，使玉米秧离开水泥柱子，充分地展现在对面老太太的眼前。

从此，我们的玉米秧再也不歪着身子，它长得亭亭玉立，变得非常美丽。

我们也经常发现，老太太用望远镜久久地看着这棵可爱的玉米秧。

有一天傍晚，我和修琳给玉米浇了水。

我们看着玉米秧说：

"对面老太太用望远镜在看什么呢？"

"当然是看我啊！"这话把我和修琳吓了一跳，四周空无一人，这是我们的玉米秧在说话。

"当然是看你？"我们两个说，"你有什么好看的？"

玉米秧在晚风中摇晃着身子，说："我当然好看。看着我，老太太就想起了她的童年，想起了她家门前的玉米、高粱和稻谷，想起了她的家乡，还想起了许多许多……"

"你怎么知道的？"我惊奇地问。

"当然知道了。"玉米秧得意地说，"我是从她的眼睛里看到的。从她第一次看我的时候我就知道了。所以我要拼命地和她打招呼，我每天用我绿色的枝叶，跟她的望远镜和眼睛讲话。"

想着几次搬移花盆，我和修琳都有点儿难为情。不过我和修琳还是将信将疑，对面的老太太真能从玉米秧身上看到自己的童年和家乡吗？也许玉米秧是随便猜猜的。

有一天，老太太正用望远镜在看的时候，正巧碰上我和修琳来给玉米秧浇水。

我大着胆子问老太太："阿婆，你喜欢这玉米秧吗？"

"喜欢！"老太太拿下望远镜，瞧着我和修琳，"你们的玉米秧真好，长得很可爱，它让我回忆起小时候，我在老家的门前也种过玉米的……"

正当我和修琳听得出神的时候，老太太从桌旁拿起一架小照相机说：

"别动，让我为你们和玉米秧一起照张相！"

这是第一次有人为我们照相，我们笑得有点儿傻乎乎的，但很开心。

过了没多久，我们的玉米秧就枯死了。因为盆太小、土太浅，我们浇再多的水也救不了它。

就在我和修琳为玉米秧难过的时候，我们收到一封信，信皮上写着：阳台上的一对小朋友收。

我们打开了信，信中有一张照片，照片上我和修琳天真地笑着，在我们中间，是一棵亭亭玉立的玉米秧。

照片的背后，还有一行字：

"谢谢对面阳台上的一对可爱的小朋友，和他们辛勤栽种的玉蜀黍。"

我们第一次知道，玉米还有一个有趣的名字叫玉蜀黍。

没过多久，对面的老太太搬家了。

听大人们说，老太太是个没结过婚的老小姐，是位教书先生，她独自搬到乡下去住了。

后来，我家也搬了，搬到很远的地方，可我依然思念着我的阳台、阳台上的花盆和玉蜀黍。时隔半个世纪，我和修琳再也没有见过面，她大概已经当上祖母了。我不知道，她在给小孙孙讲的故事中，有没有关于阳台上的那棵会讲话的玉蜀黍，和对面窗户里常举着望远镜的老太太。

鲸和小鱼

大海里，一条鲸在游。

鲸的个头儿很大很大，像一艘大轮船那么大。

他游过一个小岛时，碰到一条小鱼。

小鱼很小很小，像一片小小的树叶。

小鱼问鲸："你会欺侮我吗？"

鲸说："才不呢！我喜欢和小鱼交朋友。"

小鱼和鲸成了好朋友。

小鱼问鲸："我们来玩藏猫猫好吗？"

鲸说："不行。你在海草里一藏，我就看不见你了，可是我怎么藏起来呢？哪儿也藏不下我。"

后来，鲸和小鱼玩讲故事比赛。

鲸讲了个很长很长的故事，小鱼很爱听。

小鱼讲了一个很短很短的故事，鲸也很爱听。

脚印和大海

一个胖墩墩的小男孩。

他光着脚，从岸边一直向大海走去，在沙滩上留下一行深深的脚印。

远远看去，就像一条粗黑的锁链。

就在他留下的第一个脚印里，爬进一只小海蟹。这只小海蟹生活在礁石后面，他来到这个世界上才一天。当他爬进这个深深的脚印中，里面还有一汪浅浅的水，小海蟹玩得很痛快，他说："这大概就是海了吧，海真好啊！"

一个瘦瘦的小男孩在边上听到，笑了。

小男孩拾起一根小棒，轻轻地挖着。他把胖男孩留下的这一行通向海边的脚印，一个个连接起来，然后再把海水顺着脚印引了进来。他看到小海蟹沿着这一个个脚印，又游又爬地向前跑去。

他想，当小海蟹第一眼看到大海时，一定会说："哦，这才是真正的大海！"

海边的城堡

海滩上，我用小铅桶，用铁铲，造了一座城堡。

城堡的前面，有一条宽宽长长的路，城堡的后面，有高高低低的树。

我刚把城堡造好——

调皮的海浪冲来了。

我说："海浪，海浪，帮帮忙，别动我的城堡。"

可是，海浪嘻嘻哈哈，抢走了我的城堡。

当我跺脚生气的时候，海浪又回过头来淘气地说：

"我知道，你明天会造一座更大的城堡！"

我笑了，我对海浪说："你们来吧，明天我准会送你们一座更大、更漂亮的城堡！"

写在海边的歌

大 海

风起浪涌。

在呼啸的海风指挥下，浪涛唱起雄壮的歌，连礁石也被感染了。礁石挺直了峻峭的身子，迎着一个个摔打过来的浪花高呼着："来吧，再来一个！"

海燕也赶来凑热闹，在风口浪尖上飞翔着，狂舞着。

此刻，大海里的年轻鱼儿和虾蟹们，全都浮上海面，和着风的歌唱、浪的节拍，在跳着"哗啦哗啦舞"，他们互相撞击着，拍打着，兴奋地喊叫：

"好啊，这才是我们的大海！"

年长的鱼儿们，还有那些满是皱纹的大海螺和砗磲，躲在大海的深处，那里静谧而安详。他们在平静的海中，在美丽的珊瑚礁边，思索着、养息着，悠闲地游动着。一只砗磲张开他的巨壳说：

"好啊，这才是我们的大海！"

舞　姿

有几棵椰树歪斜着身子，站立在海滨的沙滩上。

椰树婀娜多姿，仿佛他们正在跳着酣畅的舞蹈，被定格在海滩上了。

椰树彼此相望，露出愉快的微笑……

海滩上留下了他们非常动人的剪影。

海浪涌来问椰树："是谁教会你们跳如此美丽的舞？"

椰树回答："是风。"

是海边的风暴让椰树舞蹈。长年累月，海滩上就留下椰树的舞姿。

这婀娜多姿的舞姿中，透出的是刚健，是坚韧，是生命不屈的抗争……

小　船

椰树伸出头来，望着海滩。

他在数海边停靠着的小船：

一只，两只，三只……

小船是那么平静，平静得没有一点儿晃动。在海浪温柔的催眠谣中，小船睡了，睡得那么深沉。

椰树伸出头来，望着海滩。

他在瞧着海边停靠着的小船：

一只，两只，三只……

海鸥绕着小船在轻盈地飞舞着，她们仿佛在和海风说："安静一点儿好吗？让小船安安稳稳地睡上一觉。"

椰树伸出头来，望着海滩。

他知道，即使在这宁静的睡梦中，小船的心也是晃动着的。此刻，小船们一定梦见，大海又起风浪了，自己迎着一个个扑面而来的激浪，劈波前进。

那涛声，那浪头，那水花，时时撼动着他们的梦……

思念与欢乐

河水奔腾着，从几千里外来到海滨。

海妈妈敞开胸怀，欢迎着河水的到来。

河水翻腾着晶莹的浪花，流进海妈妈的怀里。河水问海妈妈：

"你的水怎么这样咸啊？"

海妈妈说："这里有思念你们的泪花呀！"

海妈妈问河水：

"你的水怎么这样甜啊？"

河水说："这里有我们从崇山峻岭带来的清泉，是送给你的欢乐呀！"

海水和河水紧紧相拥，这是思念与欢乐的汇合。不一会儿，你再也分不清哪是海水，哪是河水了……

浪花间的排球赛

伸向大海的一棵高大椰树，把一只圆圆的、沉沉的椰子抛向大海。

一群矫健活泼的海浪接住了椰子。

他们在大海里玩着抛掷椰子的游戏，仿佛在举行一场排球赛。浪花争先恐后地跳跃着，椰子忽上忽下，在一个个浪峰间传递，越漂越远。

海浪一边抛着椰子，一边议论着："把这只椰子抛向哪里？"

一朵大大的海浪跳起来接住椰子说：

"把椰子抛向那个有着巨大礁石的海滩吧！"

"行啊。"许多海浪回应着，"大礁石是我们的好朋友，让椰子留在那里吧！"

"椰子能在那里长成一棵椰树吗？那里的土很贫瘠呀，海风也很大……"一朵小浪花有点担心。

"不怕。"所有的浪花都说，"你瞧，椰树妈妈不就长在海风呼啸的贫瘠沙土上吗？她的宝宝一定也很棒！"

这时，海浪们已经把椰子抛向了有着巨大礁石的海滩。海浪们七嘴八舌地对礁石说：

"礁石大哥，请好好照顾椰子哦，让他长成一棵椰树，你就会有一位好漂亮的朋友……"

礁石沉默着，但显得那么高兴。

夕阳与大海

夕阳映照在海面上。

海面闪烁着一条黄金般的大道。

几条小鳕鱼在金灿灿的海水里跳跃，他们呼喊着：

"妈妈，你来看，夕阳多好啊，她有多么美丽的色彩啊，真让人陶醉。她比大海美多了，大海多单调啊！"

鳕鱼妈妈笑了，她说：

"没有大海的映衬，夕阳能有这么美吗？"

小鳕鱼们不好意思了，他们对大海说：

"对不起，大海妈妈，你也是很美的，因为有了夕阳的映照，你更美了。"

大海一直沉默着。

她又温和，又宽厚，她怀里有海浪，有鳕鱼，有夕阳的倒影，还有许多许多……

太阳，你是粉刷匠吗

月亮来大海做客了

那一晚，我来到大海边上。

——大海真安静。

海涛温柔地拍打着，发出梦呓般的声响，片片光亮，随着海涛的涌动，闪闪烁烁，像一天的繁星。

哦，在闪烁的繁星中，我瞧见一轮晃动着的圆月亮。

月亮，她来海里做客了。

小鱼、浪花和海面上飘动着的雾气，都聚集在圆月亮的周围，听她讲述着遥远天穹里的童话。

——讲述着星星、云朵和雁群的童话。

那一晚，月亮来大海做客了。

所以，大海显得如此温馨而多情。

小狗在沙滩上

小狗，在沙滩上，他向着大海吠叫。

小狗，是因为你瞧见海浪了吗？是你闻到海风的腥味了吗？是你看到远在天际的渔帆了吗？……

"汪，汪！"小狗说，都不是。

啊，我终于知道了——

是大海里一条小鳕鱼，她也正凝望着小狗呢。她对小狗说："我要告诉妈妈，告诉海星，告诉小海螺，我看见了海边有一个长着长鼻子、大耳朵和一身毛的怪物……"

大海边上，两个来自陌生世界的朋友在交谈。

一群外国孩子

有一群白皮肤、蓝眼睛的外国孩子。

他们带着铁铲、小桶、救生圈来到海滩。

他们还带来了调皮、活泼和一串串止不住的笑声。

那个细高个子，用小铲挖啊挖啊，挖出了长长的沙坑，一个胖胖的小男孩睡进了坑里。

男孩女孩们，把一捧捧细沙撒在他的身上。

他们用沙子一点一点埋着他，让他仅露出一张脸，笑望着蓝天。他的一头鬈发，在海风中飘着。

胖男孩渐渐地闭上了眼睛——

他的脚边放着用海裙带菜编织成的花环，还放着一罐可乐、一包开心果……

海浪轻轻地在他的脚边拍打着。

小男孩睡着了吗？

"不！"海浪笑着说，"我听见了他咯咯的笑声，他的心正随着海风飘啊飘啊，飞到了大西洋的彼岸，在遥远的家乡小院里，他仿佛正睡在奶奶温暖而宽厚的怀抱里……"

是的，小胖男孩听着，大海的歌声多么像奶奶那甜甜的催眠曲。

田埂边的小水塘

田埂边上，有两个小小的、小小的水塘。

一个小水塘里映着金灿灿的油菜花；另一个小水塘呢，映着一角蓝天。

两只小鸟飞落在这里。

一只小鸟赞美水塘里映着的油菜花，她说："多美丽的油菜花啊！"

另一只小鸟呢，赞美着水塘里映着的那一角湛蓝的天空……

后来，小鸟们口渴了，她们慢慢地喝着水塘里的水。

一只小鸟高兴地说："我把水塘里的水和油菜花一起喝下去了。听啊，连我的歌声里都飘着油菜花的香味！"

另一只小鸟呢？

她已经飞到蓝天里。她要去寻找，自己刚才喝下去的，是蓝天的哪一角……

一片卓然而立的荷叶

原先，这池中的荷叶不是高低参差的。

那些小荷叶很性急，当他们一探出水面，就张开了自己的嫩叶。于是，一片片的荷叶紧贴着湖面，使湖面像一块平整的绿毯。

如今，不同了。

有一片小荷叶，他不满足于贴近水面，当他钻出水面时，他不想匆忙地舒展自己的身子，而是拼命地往上长，他的绿色梗子高出水面很多，然后，再把叶慢慢地舒展开。

于是，他像一把高高擎起的绿伞。

他成了平平的湖面上一片卓然而立的荷叶。

他得到了更多的日照，也得到了更多的风吹雨淋。但他并不怕，他昂然地挺立着，长成了一顶大大的绿色华盖……

如今，不同了。

有许多小荷叶追随着他，都愿意长得高些。

湖面上，伸出了高高低低的细臂，托出了一个个大大小小的碧玉盘，衬托着一朵朵白色、粉红色的荷花。

湖面再也不像一块绿毯。

而像一片密密匝匝、高高低低的<u>丛</u>林。

蜻蜓，在这片叶<u>丛</u>中捉迷藏。

青蛙，在这片叶<u>丛</u>中玩蹦跳游戏。

小鱼呢，他们谢谢长高了的荷叶，荷叶给小鱼小虾们留下一片片湖面，能让他们把小小的脑袋伸出水面——

看一看这醉人的景色。

小波纹的童话

池塘里藏着很多童话。

连波纹里也藏着一个个小童话。

我认识一道小波纹，但不知道他是哪里来的。

是风吹起了他，还是鱼打挺时激起了他？也许是落叶飘落时带来了他，是露珠从荷叶上滚落时出现了他……

反正，他是池塘里一道活泼、开心的小波纹。

小波纹的生命很短，当我们在池塘边相遇时，他只来得及和我说短短的几句话：

"我是波纹，我是个赛跑小能手！"

"我是波纹，别看我小。我能晃动树荫，我能晃动云影，我还能晃动山的倒影……"

"我是小波纹，我最开心的是当我晃动一片落叶时，落叶上的一只蝴蝶，像是荡起了秋千，她咯咯地笑个不停！"

"我是小波纹……"小波纹的最后几句话，我几乎听不见了。

池塘里藏着许多童话。

小波纹的童话是最小最小的童话。

山里最长的故事

你知道，山里最长的故事是什么吗？

我知道，山里最长的故事是山泉水讲的故事。你听，叮咚，叮咚，叮咚，叮叮，咚咚，山泉姑娘从清晨一直讲到深夜，故事没完也没了。

有一天，我问两只尾巴长长的蓝色小鸟儿：

"你们在绿叶茂密的枝头，听些什么呢？"

小鸟儿告诉我，他们在听山泉水讲故事。

小鸟儿自豪地说："我们听了整整一个夏天！"

整整一个夏天。山泉姑娘讲些什么呢？

小鸟儿说："她讲了鲜花的灿烂、小鱼儿们的历险、小虾们的顽皮，还讲了一片落叶的故事和一只小纸船的神秘来历，还有小蝌蚪的童话、小青苔的幻想和一棵狗尾巴草的开心事……"

小鸟儿问我："你爱听山泉姑娘讲的故事吗？"

我自豪地告诉蓝色的小鸟：

"我已经听了整整九个夏天了！"

风和帆的聊天

风，在江面上闲逛着。

他想找人聊天，可是——

江边的山峦不理他；

水中的礁石不理他；

江面嬉闹的鱼群不理他；

连一群飞过的白鹭也不理他……

风，在江面上闲逛着。

他见远处驶来一艘船。

一艘装着沉沉货物的大船，大船在江面缓缓行驶着。

船老大正在忙着整理货物。

风想和他聊天，可他只顾抹头上淌下的汗。

风失望了。这时，躲在一边和小猫玩的小男孩发现了他，小男孩和妈妈咬咬耳朵。

妈妈和小男孩忙开了……

风，在江面上闲逛着。

只见在船的桅杆上，徐徐升起了一片白帆，就像从船舱底下钻出一位穿白衣的姑娘，她站在江面上，望着江水，望着两岸的青山，望着头上的白云。

风高兴极了，他把自己满肚子的话，向白帆倾诉。

白帆倾斜着身子。

她专心地听着，听着。

风讲得更有趣，更起劲了。

于是，船像插上翅膀一样，去追赶飞在前面的一群白鹭了……

太阳的爱

太阳也会疲惫，当他经过一天的跋涉，从天的东边渐渐落到西边的时候。

这时，天空变成了玫瑰色。

太阳的光，变得煦煦的、柔柔的，失去了原先的强盛和明丽。

因为他疲惫了。

此时的太阳，显得孤独、落寞，他甚至想倚在晚霞的身边，轻轻地叹一口气。

可是，他突然看见了树上红艳艳的苹果，他曾经照射着他们，如今他们都成了一个个灿然的小太阳。

他看见树林一片绿，一片浓郁的绿。

哦，仔细看看，这绿色中其实藏着他金色的光，他一眼就能看出。

太阳变得高兴了，特别当他看到，有一棵小小的矢车菊，那花，给了太阳一个感激的、蓝色的微笑。

啊，多美的蓝色的微笑。

此时，太阳不感到孤独了，虽然长日将尽，可是他知道，人们会记住他的。

因为，他曾经那么强烈地爱过，爱过这大地上的一切……

倒映在湖里的红叶

芦苇海遐想

到过九寨沟的人都会记住芦苇海。

蓝蓝的海子边，芦苇开着一片白茫茫的花，水里岸上都是摇曳的银色芦花。

芦苇海有一种素净的、萧索的美。

我想这片海子早先也许羡慕过别的海子，因为它们边上有山坡，有美丽的树丛，而它没有，海子水面上映现的，只是蓝天和白云。当海子边上出现第一枝芦苇时，海子一定是惊喜的，它一定是以无比的爱心，注视和关怀着这枝芦苇的成长。朝朝暮暮，日日夜夜，年年岁岁，这芦苇长成千枝万枝，形成了白茫茫的一片……

芦苇海用爱，用等待，为自己营造了一种独特的美。

诺日朗的松

在诺日朗瀑布群落前，是一片水的喧哗，大小瀑布在岩石间奔泻、奔跑，一路洒落着洁白的水花。

诺日朗瀑布前观者如潮。

瀑布前有棵高高大大的松树，却是静静地站立着。它翘首望着远处的群山，仿佛一点也没有被这喧哗的、奔腾的瀑布和水花惊扰。

一群游客来到这里，他们抬头望着这棵巨松，不禁惊叫起来："哦，多么高大的松树啊，这也许是这山岭中最高大的松树了！"

"不，"在瀑布的喧哗声中，高大的松树还是听到了人们的赞叹，它抬头望着白云说，"我绝不认为我是这里最高大的松树，正因为我站得很高，所以我能望见周围有许多比我更高大的松树。"

静海思

我惊叹静海的静。

湛蓝湛蓝的湖面，水波不兴。水静静的，山静静的，四周的树静静的，连小鸟的歌声也没有，时间仿佛在这里凝固了。站在这静静的湖边，你的心仿佛一下子沉入寂静的湖底。

我凝视着水面，水面上有着那么多美丽的树，美丽的花草。这里的每一片树叶、每一朵花，都能让你读得那么仔细。

水面上只有一样东西是悄悄流动的，那便是一朵飘过的白云。在湛蓝的水面上，云是那么洁白，它在轻轻地、慢慢地移动着，仿佛怕惊吵了这静静的湖面。

我问静海——

你的湖面何以有如此斑斓的色彩，如此丰富的图画？

静海静静地回答我："让你的心安静下来。它就能容纳许多……"

一棵美丽的树

在走向火花海的途中，有一棵美丽的树，这是一棵有着金黄树叶的槭树，每个人走过这里都会赞叹一声：

"一棵美丽的树！"

"一棵叶子金黄的树！"

"一棵姿态多么高贵的树！"

只有一只飞过这儿的小鸟知道，这并不是一棵最美丽的树，因为它身上压着太多的赞美，它不得不随时注意自己站立的姿态、自己的颜色、自己的……

而在离这儿不远的丛林里，同样有那么一棵槭树，它站立在山坡上，生活得那么自如、那么随意、那么恬静安详，它无须为博得别人的赞叹而刻意地装扮自己。

人们抬起头来，就能看到它绰约的身影。

——那才是一棵最美丽的树。

倒映在湖里的红叶

芳草海边上长着许多树。

那是些五彩缤纷的树。

有墨绿的苍松，有青翠的云杉，有浅黄的椴树，有深橙的黄栌……

其中还有两棵不起眼的小树——

一棵是朱紫的山杏；

一棵是绛红的山槐。

两棵树都长在临近海子的斜坡上。

芳草海边上长着许多树。

那是些五彩缤纷的树。

有一天，那棵朱紫的山杏，凭借着自己临近海子的优势，突然发现水中的自己是那么漂亮。于是，日起日落，朝朝暮暮，它都低头看着水中的自己，那片片红叶，那嫩嫩的枝条，多么让人爱怜……

山杏陶醉在自己的倩影里。

芳草海边上长着许多树。

那是些五彩缤纷的树。

那棵绛色的山槐，站立在山杏的身边，虽然它低头也能瞧见海子里自己美丽的倒影，瞧见那碧澄湖水中自己红色的叶子。

不过，山槐很少低头看着湖面，它只有在大雨过后，当雨水洗净自己的每片叶子，湖水也变得特别明亮的时候，才会低头瞧一瞧自己的倒影，它为湖水的美和自己的美陶醉。

平时，它一直抬着头，凝视着前方。

芳草海边上长着许多树。

那是些五彩缤纷的树。

可惜的是那棵朱紫的山杏,由于终日俯视湖面,身子已经变得佝偻,身边的其他小树都已长高,它们遮挡住了山杏的身影。

湖中已经几乎看不见它的倒影了。

而那棵山槐呢?

它长得树叶茂盛,躯干挺拔。远远地,你不仅能在山坡上,而且在湖心中,都能看到它迷人的身姿……

雪　山

在九寨沟长满五彩树的群峰中,一座雪山突兀而出。

雪山顶上,没长花,没长树,只有终年不化的皑皑白雪。

人们挤在路边,从几座青翠山峰的豁口中,注视着这座雪山的白色峰顶。

雪山那么安详地耸立在远处,那在阳光下闪耀的白雪,多么像苍老母亲头上的银发。

大家静静地望着雪山,因为它像众山之母,虽然没有瑰丽的色彩,没有靓丽的容貌,但大家还是怀着敬意默默地注视着——

因为母亲总是让人升起油然的敬意。

长眼睛的小树

活泼的梅花鹿，他在小树林里跑着，几片藤叶挂在了他的角上，他也不知道。

小树林边上，是个小池塘，小鹿探头一瞧，池塘里映出了一棵小树，小树杈上飘着绿叶。

再一瞧，小树杈下面，还有一对明亮的眼睛在一眨一眨呢！

小鹿高兴地笑了："那不是我吗？我变成一棵小树了，还长着树叶呢……"

就在这时，有两只漂亮的小鸟，落在这一对树杈上了，他们跳上跳下，还唱着好听的歌呢。

小鹿是爱动来动去的，可他现在屏住气，一动也不动，因为他知道，小鸟是非常胆小的。

小鹿从平静的水面上看到，两只小鸟真愉快，他们有唱不完的歌。小鹿在心里悄悄地说："唱吧，唱吧，我是一棵快乐的小树，欢迎小鸟来唱歌……"

奇奇怪怪的梦

端端熊是一只一年级的熊。

对于一只一年级的熊来说，是只很大的熊了。他再也不像妹妹妮妮熊一样，好像总长不大，到现在还在幼儿园中班上学。

一个幼儿园中班的学生，会有许多奇怪的爱好，比如她每天睡觉总要选个长毛绒玩具来和自己做伴。吃完晚饭，画完图画，妮妮就会自言自语地说："我选谁和我睡觉呢？"

她今天会选小兔子，明天会选毛毛鸭，后天是一只有着绿绿毛的乌龟。有时她还会选那只奇大无比的河马。那只胖河马会把妮妮挤到床边上，有天晚上她还差点儿掉到床下去……

其实端端熊有时也会想，晚上身边有个伙伴，也挺不错的。当然他才不会去找那些长毛绒玩具。去哪儿找合适的伙伴呢？找班上的同学，这个主意不错，可是谁会来呢？每个同学的爸爸妈妈都不会愿意让自己家的孩子去别人家睡觉。自己家也一样。

他后来想出一个好主意。

每天晚上，端端熊都会挑一本图画书来读，图画书里的人物，比如机智的小兔子、善良的刺猬，还有在岸上和水中两头忙碌的青蛙和乌龟，都让他喜欢。

每天晚上，我可以抱着一本书睡觉——端端熊想出这么个主意。

第一天晚上，他抱着那本《小兔智斗大灰狼》，半夜里他尽做噩梦，梦见的不是机智的小兔子，而是凶狠的大灰狼。他和大灰狼打了一个晚上的仗，早上累得爬不起来。他再也不想和这本书做伴了。

第二天，他换了本《快乐的小青蛙》。半夜里，他梦见自己和小青蛙比赛游泳，小青蛙游得又快又好，自己却接连喝了几口水，呛得直喊救命。后来妈妈过来摇醒他，才结束了这场噩梦。

第三天，和他做伴的书是《捣蛋鬼小刺猬》。这一晚上，他浑身直痒痒，就像小刺猬在他的被窝里捣蛋……

端端熊再也不想抱着书本睡觉了。

看到每天晚上，妹妹妮妮熊被长毛绒玩具挤到一边的样子，端端熊觉得，还是一个人睡在床上舒坦。他尽可以放开手脚，舒舒服服地睡觉，又不会做一场又一场的噩梦。

"毕竟，我是一年级的小学生了！"

当苹果和月亮低语

小黑熊的妈妈去世了。

孤苦伶仃的小黑熊非常想念自己唯一的亲人——他的黑熊外婆。

他很小很小的时候，见过外婆。那还是在自己的家乡，那个名叫苹果山村的地方。后来，他和妈妈远离家乡，再也没有回去看过外婆。

他不知那个苹果山村在哪里，也不知道外婆叫什么名字，长什么模样，现在是不是还活着。

小黑熊非常想念家乡，想念外婆。他一定要找到唯一的亲人外婆。

小黑熊带上干粮，背着心爱的吉他，出发去寻找自己的家乡。

他一路上唱着妈妈从小教他的歌和他自己编的歌。歌声让他结识了许多朋友，他们都愿意帮助他，给他指点去苹果山村的路。

当他来到苹果山村的时候，正是苹果成熟的季节，山村四周的树上挂满了苹果。山村里错落有致地分布着一幢幢小木头房子。

小黑熊不知道自己的黑熊外婆住在哪一幢房子里。再说，外婆根本不认识他，怎么知道他就是自己的小外孙呢？

小黑熊有点发愣。

这时，他的手无意间碰到了背着的吉他，琴弦发出一声低低的声音。

小黑熊猛地想起来，自己小时候曾学过一首歌，是妈妈教的，妈妈说，这首歌还是她小时候，外婆教她的。

小黑熊面对一排排小木头房子，在一棵大苹果树下，拨动琴弦，唱了起来：

当苹果和月亮低语，到处飘荡着浓浓的香气，这时候——我的家乡多么美丽……

不知为什么，像有谁施了魔法一样。

每一幢小木头房子的窗子都打开了，探出一个个脑袋，有小兔子的，有小松鼠的，还有青蛙和小鸭子的……

其中还有一位黑熊奶奶，她听着听着流下了眼泪。

黑熊奶奶颤巍巍地跑了出来，问小黑熊："是谁教会你唱这首歌的？"

"是我妈妈小时候跟我外婆学的，以后妈妈又教会了我这首歌。"小黑熊回答。

"这么说，你就是我的小外孙小苹果了？"外婆激动地问。

自从妈妈去世后，小黑熊第一次听见有人叫他的小名"小苹果"。

他搂着外婆哭了起来。

这时，山村里的所有居民都围了上来，他们为小黑熊用这么聪明的办法，找到了自己的外婆而高兴。大伙儿都要小黑熊教他们唱这首歌，因为这是一首他们家乡的歌。将来，无论走得多远，无论相隔多久，他们都能凭这首歌找到家乡，找到亲人。

于是，在这个黄昏时的苹果山村，小黑熊弹起吉他，全山村的居民一起唱了起来：

当苹果和月亮低语，到处飘荡着浓浓的香气，这时候——我的家乡多么美丽……

吹着口哨的风

鼹鼠先生过生日了。他写了一张请帖，请风先生给他的好朋友松鼠先生送去：风拿着信，一路上吹着口哨，他跑啊跑啊，跑到山坡边上，他看到远处的杜鹃花开了，风就把信朝路边随手一丢，去找花儿们玩去了。

一只老狼捡到了信，他来赴宴，要不是鼹鼠先生逃得快，险些成了狼的一道点心。鼹鼠先生重新写了一张请帖，请风先生帮着送去。风拿着信，一路上吹着口哨，他跑啊跑啊，跑到小路边上，看到路边的树丛里，有两只小獾在打架，风就把信随便一丢，钻进树丛里看热闹去了。

一只狐狸捡到了信，他倚在一棵树上读了起来，当他知道这是小鼹鼠的请帖时，高兴得手舞足蹈。他说："能吃只鼹鼠也是不错的！"他这话说得太响了，让树上的松鼠听到了。小松鼠赶快抄小路连奔带跑地赶到鼹鼠家里，鼹鼠正开着门在等小松鼠呢。小松鼠一进屋，小鼹鼠就关紧了门，他们在屋里欢庆生日，把狐狸关在门外。

不过，打这以后，谁也不想请风送信了。

因为，风先生太不守信用了。

矢车菊开花了

矢车菊开花了。

蓝蓝的矢车菊，一簇簇、一丛丛，开满了山野。风儿吹来，多像奔腾不息的海浪啊。

就在蓝蓝的矢车菊和蓝蓝的天空分界处，矗立着一幢高高的、红红的小房子。这是善良的灰兔先生的家。

灰兔先生的卧室在三楼，面临着青山绿水，还有无边无涯的矢车菊。可是他没有心思欣赏美景了。灰兔先生最近患了感冒。为了不把病菌传染给别人，在没有痊愈以前，他不想出门，不想会见任何客人。

大家知道了灰兔先生生病的消息。

这消息是谁传播的呢？是萤火虫姐姐。

她在夜晚打了小灯笼从灰兔先生的窗前飞过时，听见了灰兔先生寂寞的叹息声。那是轻轻的，然而却是深深的叹息——从叹息声中，她听出灰兔先生在思念伙伴们。

伙伴们也在思念着他。

大伙儿没法去探望灰兔先生——他把门锁上了。于是，伙伴们决定请长颈鹿和小猴作为代表，向病中的灰兔先生致意。

长颈鹿站在矢车菊的花丛中，踮起脚，把脖子抻得长长的——比你们所见到的所有的长颈鹿的脖子都长。小猴顺着长颈鹿的脖子往上爬啊爬啊……

长颈鹿痒得想笑。可是，不能笑。对一个生病的伙伴，傻头傻脑地笑是很不礼貌的。

长颈鹿难受得眼泪都快掉下来了。可是，不能哭。对一个生病的伙伴，流泪是不妥当的。

长颈鹿都忍住了。

当小猴爬到长颈鹿头顶上时，他向灰兔做了个有趣的鬼脸。这是一个友好的鬼脸，这是个表示问候的鬼脸，这是一个一看就知道充满着关怀和良好祝愿的鬼脸……

躺在床上的灰兔先生，从窗户的玻璃上看见了两位伙伴的脸：一位是那样的严肃，一位又是那样的滑稽。

灰兔先生的叹息就变成了笑声。据说，他的病也就好了……

太阳落在身边了

天太热了，太阳火辣辣地晒着。

两只小蛤蟆受不了，一起到荷叶下睡午觉去了。

荷叶像一把把绿色的伞，遮住了阳光。两只小蛤蟆睡得可香甜了，他们轻轻打着呼噜，连口水都流出来了。

一只蛤蟆醒了。

另一只蛤蟆也醒了。

他们来到湖岸边上，天依然很热。

突然一只蛤蟆捅捅另一只蛤蟆，说："你看，怪不得天那么热。原来是太阳落到我们身边来了，他离我们那么近。哦，多么圆，多么红……"

是的，在离岸边不远处的草丛里，真是有一轮圆圆的、红红的东西。

"可是，这是太阳吗？太阳应该是很亮很亮的，我们看到它应该是睁不开眼睛的！"另一只蛤蟆说。

"不，这不是太阳是什么呢？太阳在休息的时候，干吗也要发出那么亮的光来呢？"一只蛤蟆很自信地说。

"奇怪，太阳在每天早晨和傍晚时，离我们很远，但也有这么大；现在，离我们这么近，我想它应该大得多……"另一只蛤蟆说。

"你这个傻瓜，平时我们见到的太阳是穿外套的，它现在休息了，就不能把外套脱了吗？"

"你才是傻瓜呢，他脱下的外套在哪里？有那么大的外套吗？"

两只蛤蟆叽叽呱呱争个不休。

一直在睡莲叶子上打盹的青蛙被惊醒了，听了小蛤蟆的议论，他忍不住插嘴了："你们说的那轮太阳，离你们那么近，为什么不绕过去看看呢？那样答案不就有了吗？"

两只蛤蟆有点不好意思，他们请青蛙原谅惊扰了他的休息。

于是，两只蛤蟆一前一后出发了，他们绕到那轮"太阳"背后一看，都忍不住笑起来。

——这是一把在草地上撑开的鲜红鲜红的伞！

伞，挡住了阳光，有两个小女孩正躺在草地上。一个在讲着非常有趣的故事，另一个呢，正在入神地听着。

两只蛤蟆强忍着不笑出声来。不然，会惊扰这两个女孩子的……

狮子座的兔子和山羊座的狮子

兔子菲尔不知从哪里捡来一本《星座天文台》。他对照自己的生日一查，不禁惊呼起来："天哪，我是狮子座！"

狮子座的兔子有什么特点呢？

"充满活力，感情热烈，意志坚强，勇敢，多有侠义之心。"属于这个星座真太幸运了，兔子抓抓头皮，又继续往下念："很多著名作家、艺术家都属这一星座。"

菲尔兔笑得咧开三瓣嘴，撅起短尾巴。

他奔出门去，差点儿踩在一只正在赶路的蜗牛身上。蜗牛吓得缩进壳内，半晌才敢伸出头来。"真对不起！"他俩几乎同时喊出口。

蜗牛说："请问兔子先生，上乌龟家怎么走？"

菲尔兔说："在东边树林里，照你这个速度大概三天后可以赶到。"

"天哪！"菲尔兔听到蜗牛叹了一口气。

"来吧，蜗牛先生，请紧紧抱住我的尾巴，我保证你十分钟到达！"蜗牛紧紧抱住了兔子的短尾巴，菲尔兔一阵风似的向乌龟先生门前跑去，前后只花了七分钟。

蜗牛站在乌龟家门口说："谢谢你，你真是一只充满活力、感情热烈的兔子！"

"是吗？"菲尔兔乐了，他说："请记住，我是一只狮子座的兔子。"

菲尔兔往回走。他看见一只刺猬拦在路中间，刺猬要一只鼹鼠叫他一声哥哥才让她走。

鼹鼠小姐说："我没有这样无赖的哥哥！"

刺猬恼羞成怒，他要用刺去刺鼹鼠小姐。

"住手！"兔子大喝一声，"你干吗欺侮鼹鼠小姐！"

"哼，一个丫头嘴还硬，我要收拾她！"刺猬蛮横地说。

"我后面还有两个丫头，你敢惹她们吗？"兔子问。

"敢！"刺猬昂起头，"所有的丫头我都敢碰！"

"走，跟我去，她们是河马丫头和犀牛丫头。"兔子说。

"你耍我，瞧我……"刺猬一见菲尔兔瞪着两只红红的大眼睛，他害怕了，赶快溜走。

鼹鼠小姐感激地说："谢谢你，兔子大哥，你又勇敢又坚强，真是个侠义之士呢！"

菲尔兔乐了，撅起他的短尾巴说："不用谢，我是一只狮子座的兔子。"

大家都喜欢上了这只活泼、热情而又勇敢的兔子。

菲尔兔为此印了一张名片：

兔子菲尔·狮子座

捧着散发着油墨香的名片，菲尔兔想："我的第一张名片，应该送给谁呢？"

"送给狮子先生，以他的名字命名的星座，给了我幸运。"菲尔兔这样想。

他叩开狮子阿棕家的大门，递上了名片。

狮子阿棕一读完名片，就号啕大哭起来，他说："这不公平！"

"为什么？"菲尔兔奇怪地问。

"你是狮子座的。而我，堂堂正正的狮子，却是山羊座的。山羊座的狮子，真让人丢脸！"菲尔兔看见狮子手上也拿着一本《星座天文台》，他明白是怎么回事了。

"山羊座没有什么不好啊。山羊座的人沉静、驯良、谨慎，有耐心，不怕困难，很适合当企业家的呀。"

"什么企业家？我只有一片荒山岭。"狮子抹干眼泪说。

"你可以办个农场呀，可以种粮食，种瓜果；还可以办养殖场呢，只要有耐心，不怕困难就行。"

"老实说，我相信我能行的！"狮子阿棕自言自语道。

"对啊，这就是山羊座的性格嘛。"菲尔兔送完名片就告辞了，狮子阿棕先生也开始筹划起他的农场来。

没过多久，狮子阿棕先生经营的农场，成了附近首屈一指的大农场。

一次，借着进城送货的机会，狮子阿棕想给菲尔兔先生送去自己新印的一张名片，狮子的名片是这样印的：

狮子阿棕·农场经营者·山羊座

狮子驾着送货的大卡车，他把一张名片投进了菲尔兔的信箱里。

此时的菲尔兔正在干什么呢？

他正在埋头撰写他新构思的长篇小说——《狮子座的兔子和山羊座的狮子》。

狗熊先生举重

也许是吃得太多了，也许是遗传基因在作怪，狗熊先生越来越胖，越来越胖，他快胖成一个圆滚滚的球了。

身材保持得很好的兔子吉尼先生警告狗熊先生说："你必须锻炼身体，你必须控制饮食，要不你就会胖得像个气球，最后——"

"最后怎么样？"狗熊先生有点担心地问。

"最后——'啪'的一声爆掉！"兔子吉尼先生做了一个挺可怕的鬼脸。

狗熊先生开始担心起来。

第二天一早，狗熊先生就爬起床，他走出自己的院子，穿过落叶满地的小路，来到森林里。

狗熊先生想，我怎么锻炼呢？跑步、跳高，还是和谁来场拔河比赛？

最后，他看到河边有朵大蘑菇，大蘑菇长得很漂亮、很精神，不胖也不瘦。

"大蘑菇身体这样好，"狗熊先生心里想："主要是她每时每刻都举着她家的大房顶，我也可以练练举重啊！"

这时，他看见路边有一段挺粗的枯木头，他就拿起枯木头练举重。

突然，他听见枯木头在喊叫："放下！快放下！你这是干什么！"

狗熊先生吓得连忙把枯木头放回地上。

从枯木头的一头，钻出两只棕色的小松鼠，他们说："这是我们哥儿俩的别墅，你干吗来捣乱？"

"对不起！"狗熊先生说，"我不知道你们住在这儿。我太胖了，我需要锻炼。"

松鼠哥哥说："狗熊先生，你没见你那院子里杂草丛生、垃圾遍地吗？你每天在院子里种种花、扫扫地，这就是你最好的锻炼。"

"是啊，"松鼠弟弟说，"要是你顺便再扫扫这条林间的小路，大家都会感谢你的，你的身体也会棒极了的。"

狗熊先生一听乐了，他感谢小松鼠哥儿俩的提醒，他找到了锻炼身体的最好方式。

从此，他每天在院子里栽花、浇水、翻地、除虫。他每天还扫干净林间的那条细长的小路。每当他扫到那段枯木头前，小松鼠哥儿俩都会钻出他们的"别墅"，一人送一个甜苹果给狗熊先生。

有了愉快的劳动，有了甜苹果，狗熊先生的身体棒极了。

原野上，一朵花开了

冬天过去了，春天来了。

原野上的草渐渐地绿了。

当又一阵春风吹过时，一朵美丽的花开了。

这是春天的第一朵花，也是原野上的第一朵花。她开得那样惹人喜爱，绿绿的叶，红红的花，花蕊里滚动着一颗亮晶晶的露珠，金黄色的蜜蜂围着她直打转。

一只白色的小兔经过这里，他左看右看怎么也看不够。由于他还要去拜访田鼠先生，不能久留，他不得不自言自语地跑开了："一朵花，春天里第一朵美丽的花……"

就这样，白兔一路嘀嘀咕咕地走到田鼠先生那里，田鼠问他嘴巴一动一动地在说些什么。

白兔说："我在原野上看到了一朵花，一朵比朝霞还美丽的花！"

田鼠说："天哪，这是春天的第一朵花，你为什么不把它摘来呢？你如果给我带来这么珍贵的礼物，我会拥抱你的，我会给你吃花生、吃白菜、吃土豆，我会把一切好吃的东西都拿出来招待你的，你这个笨家伙！"

　　白兔耷拉着一只耳朵说："我知道，你会很慷慨地招待我的。"

　　白兔想了想，又说："可是就你和我两个喜爱这朵花吗？难道——

　　"小鹿不想看这朵花吗？

　　"羚羊不想看这朵花吗？

　　"土拨鼠不想看这朵花吗？

　　"百灵鸟不想看这朵花吗？

　　"我把花摘下来，他们看什么呢？"

　　这次，田鼠先生沉默了。

课本里的作家

序 号	作 家	作 品	年 级
1	金 波	金波经典美文：第一辑 树与喜鹊	一年级
2	金 波	金波经典美文：第二辑 阳光	
3	金 波	金波经典美文：第三辑 雨点儿	
4	金 波	金波经典美文：第四辑 一起长大的玩具	
5	夏辇生	雷宝宝敲天鼓	
6	夏辇生	妈妈，我爱您	
7	叶圣陶	小小的船	
8	张秋生	来自大自然的歌	
9	薛卫民	有鸟窝的树	
10	樊发稼	说话	
11	圣 野	太阳公公，你早！	
12	程宏明	比尾巴	
13	柯 岩	春天的消息	
14	窦 植	香水姑娘	
15	胡木仁	会走的鸟窝	
16	胡木仁	小鸟的家	
17	胡木仁	绿色娃娃	
18	金 波	金波经典童话：沙滩上的童话	二年级
19	高洪波	高洪波诗歌：彩色的梦	
20	冰 波	孤独的小螃蟹	
21	冰 波	企鹅寄冰·大象的耳朵	
22	张秋生	妈妈睡了·称赞	
23	孙幼军	小柳树和小枣树	
24	吴 然	吴然精选集：五彩路	三年级
25	叶圣陶	荷花·爬山虎的脚	
26	张秋生	铺满金色巴掌的水泥道	
27	王一梅	书本里的蚂蚁	
28	张继楼	童年七彩水墨画	

序号	作家	作品	年级
29	张之路	影子	三年级
30	曹文轩	曹文轩经典小说：芦花鞋	四年级
31	高洪波	高洪波精选集：陀螺	
32	吴 然	吴然精选集：珍珠雨	
33	叶君健	海的女儿	
34	茅 盾	天窗	
35	梁晓声	慈母情深	五年级
36	陈慧瑛	美丽的足迹	
37	丰子恺	沙坪小屋的鹅	
38	郭沫若	向着乐园前进	
39	叶文玲	我的"长生果"	
40	金 波	金波诗歌：我们去看海	六年级
41	肖复兴	肖复兴精选集：阳光的两种用法	
42	臧克家	有的人——臧克家诗歌精粹	
43	梁 衡	遥远的美丽	
44	臧克家	说和做——臧克家散文精粹	七年级
45	郭沫若	煤中炉·太阳礼赞	
46	贺敬之	回延安	八年级
47	刘成章	刘成章散文集：安塞腰鼓	
48	叶圣陶	苏州园林	
49	茅 盾	白杨礼赞	
50	严文井	永久的生命	
51	吴伯箫	吴伯箫散文选：记一辆纺车	
52	梁 衡	母亲石	
53	汪曾祺	昆明的雨	
54	曹文轩	曹文轩经典小说：孤独之旅	九年级
55	艾 青	我爱这土地	
56	卞之琳	断章	
57	梁实秋	记梁任公先生的一次演讲	高中
58	艾 青	大堰河——我的保姆	
59	郭沫若	立在地球边上放号